KB275895

시편 51편을 통해서 본 루터의 십자가의 신학

코람데오

코람데오

지은이 유해무
펴낸이 이운연
초판발행 2012년 5월 25일
      2쇄 2013년 8월 30일

펴낸곳 그라티아출판사
주소 전남 여수시 충민로 175(상가1호)
전화 070-7164-0191
팩스 070-7159-3838
홈페이지 http://cafe.daum.net/Gratia
이메일 luypark@nate.com
디자인 디자인집 02-521-1474
ⓒ 그라티아출판사 2012

값 7,000원

ISBN 978-89-9657-122-3

Printed in Korea

코람데오

시편 51 편을 통해서 본 루터의 십자가의 신학

그라티아

C·O·N·T·E·N·T·S

Martin Luther

서론

코람데오의 의미,
오해하고 있지는 않는가?

코람데오의 의미, 오해하고 있지는 않는가?

코람데오는 고신대학교와 고려신학대학원의 교훈이다. 이 학교의 동문들은 익히 알고 있다. 지금도 학교의 역사를 거론할 때나 경건회 설교에서 자주 이 교훈이 등장한다. 고려신학대학원은 전통적으로 무감독 시험을 시행하였는데 시험이 시작되기 전에 칠판에 이 교훈을 적으면, 이는 부정행위에 대한 경고로 받아들인다. 이 교훈은 '하나님 앞에서' 또는 '신전 의식'(神前意識)으로 번역되며, 대체로 하나님 앞에서 정직해야 한다는 의미로 이해한다.

하지만 그런 윤리적인 이해로 충분한가? 이 책에서 우리는 이 코람데오가 흔히들 생각하는 '정직성'을 포함하고 있을 뿐 아니라 이를 넘어서는 더 중요한 의미를 지니고 있음을 살펴보려고 한다. 코람데오는 루터 신학을 표현하는 중요한 용어이다. 루터 신학을 표현하는 용어로는 '오직 믿음으로', 또는 '만인 제사장직', '십자가의 신학' 등이 있지만, 이 '코람데오' 또한 루터의 신학을 아주 잘 표현하고 요약하는 용어이다. 이런 용어가 고신대학교 및 고려신학대학원의 교훈이 된 것은 아주 흥미로운 일이 아닐 수 없다.

Martin Luther

Chapter 1.

코람데오 - 루터의 고뇌

코람데오

루터의 고뇌

1. 하나님 앞에 선 인간, 죄인

루터(1483-1546)의 고민은 '내가 의로운 하나님 앞에 어떻게 설까?'였다. 마치 "이 거룩하신 하나님 여호와 앞에 누가 능히 서리요"(삼상 6:20)라는 벧세메스 사람들의 외침처럼 말이다. 루터는 종교심이 아주 예민한 사람이었다. 그는 주야로 하나님 앞에 있는 자신을 의식하고 있었다. 그것은 하나님 앞에 설 수 없는 자기 모습에 대한 고민이었다. 거룩하시고 의로우시며 준엄하신 하나님 앞에 루터는 감히 서 있을 수 없었다. 금식도 하고 철야도 하고 로마 순례 길에 베드로성당 앞 돌계단을 무릎으로 기어 올라가는 고통을 겪어봐도 그의 마음에는 평안이 없었다. 하나님 앞에 서 있는 인간은 죄인이다. 이처럼 코람데오란, '하나님 앞에' 있는 인간, 곧 죄임됨을 뜻한다. 이 말의 가장 중요한 의미는 정직이 아니라, 하나님 앞에서 자신의 죄인됨을 의식하고 몸 둘 바를 모르는 인간의 근본적인 태도이다.

죄로 인하여 인간이 하나님과 정면으로 대치하게 되었다. 인간은 하나님과의 관계를 저버리고 자신 속에 갇힌 죄수가 된다. 스스로를 우상으로 삼고, 스스로의 종이 된다. 인간의 비극은 바로 이런 이기적인 고립에서 벗어나지 못한다는 사실이다. 모든 것을 우상인 자기에게 바치는 수단으로 삼으며, 오직 천상천하유아독존(天上天下唯我獨尊)의 삶을 살아간다. 인간은 자신 이외의 다른 모든 존재들과 인간을 이용과 착취의 대상으로 삼는다. 이 기주의자에게는 사귐과 교제가 있을 리 만무하다. "나 외에 다른 신들을 네게 두지 말라"는 하나님의 명령이 이런 죄인의 귀에는 들어오지 않는다. 그러니 세상 만물을 하나님의 지으신 작품으로 볼 수가 없다. 착취의 대상일 뿐이다. 만물 착취는 결국은 창조주 착취이다. 자신의 주인이 된 인간은 자기를 지으신 창조주 하나님으로부터 도망치려 한다. 인간은 '하나님 앞에서' 도망자이다. 낙원에서 범죄한 아담이 하나님의 얼굴을 피하려 한 것이 아주 좋은 증거이다. "내가 동산에서 하나님의 소리를 듣고 내가 벗었으므로 두려워하여 숨었나이다."(창 3:10) 도피와 고립은 동시에 일어난다. 그러면서 하나님께 항변하면서 자기 의(自己義)를 내세운다. "하나님이 주셔서 나와 함께하게 하신 여자 그가 그 나무 실과를 내게 주므로 내가 먹었나이다."(창 3:12) 죄를 자백하지 않고 해명하려 드는 이런 태도는 스스로를 의롭다고 주장하는 태도이다. 그러나 모든 인간이 제 아무리 인간들 앞에서 선하고 의롭다 하여도 '하나님 앞에서'는 죄 아래 있다. 스스로 자신의 지혜와 의에 만족할런지 몰라도 '하나님 앞에서'는 진실로 그러하지 못하다. 자기중심적이고 마음이 변명으로 가득 찬 인간은 죽음을 두려워하며, 심판날은 생각조차 않으려고 한다. 그러나 하나님께서는 항상 심판하신다. 인간은 이 점을 잊고 피하려할 뿐이다.

하나님 앞에 있는 인간, 그는 죄인이다. 그러나 인간은 이것을 스스로 깨달을 수 없다. 죄는 계시를 통해서 알게 된다. 다윗을 보자. 그는 성왕(聖王)이었다. 밖으로는 외적들을 물리쳤고, 안으로는 선정을 베풀었다. 법궤를 예루살렘으로 옮겨왔고, 예배제도를 정비하였다. 그리고는 모든 백성에게 떡 한 개와 고기 한 조각과 건포도 떡 한 덩이를 나눠주었는데, 여기서 아버지와 같은, 목자 같은 모습이 잘 드러난다. 그런 다윗이 유부녀를 탈취하고 그 남편을 전장에서 전사하도록 조종하였다. 제 10계명과 제 8계명과 제 7계명과 아울러서 제 6계명을 범했다. 그럼에도 그는 태연하였다. 자기의 범죄를 의식하지 못했다. 그 때에 하나님께서는 선지자 나단을 보내어서 비유를 전하게 하셨다. 양과 소가 아주 많은 한 부자가 가난한 이웃이 가지고 있던, 한마리 뿐인 암양 새끼를 탈취, 도축하여서 손님을 대접하였다는 내용이다. 이 비유를 듣고서 다윗은 분개하면서 "이 일을 행한 사람은 마땅히 죽을 자라"(삼하 12:6)고까지 말했다. 하지만 그 마땅히 죽을 자가 자신임은 알지 못했다. 급기야 나단은 "당신이 그 사람이라"고 직언을 한다. 그때에야 비로소 다윗은 "내가 여호와께 죄를 범하였노라"고 자백한다. 죄는 이와 같이 하나님의 말씀을 통하여 폭로되고 계시되어야 알게 된다. 아니, 아는 문제가 아니라 자신이 죄인임을 고백해야 하는 신앙의 문제이다. 죄의 문제에 있어서 지식의 인식 차원이 아니라 신앙적 고백만이 사죄의 길로 인도한다.

죄란 근본적으로 하나님과 그분의 이름을 욕되게 한다. 다윗은 죄를 자백하면서 자신이 제 6계명이나 제 7계명을 범했다고 말하지 않는다. 나단이 다윗에게 "네가 여호와의 말씀을 업신여기고 이제 네가 나를 업신여겼다"(삼하 12:9,10)는 여호와의 말씀을 전하자, 그는 자신이 사람에게 범죄하기 전에 먼저 하나님께 범죄하였다는 고백을 한다. 나단의 방문을 받고 나서 지은 시편 51편에서는 "내가 주께만 범죄하여 주의 목전에 악을 행하였나이다"(51:4)고 고백한다. 모든 범죄의 뿌리는 "나는 너희 하나님 여호와로라"는 제 1계명을 어김이다. 루터는 다른 계명들을 강해하면서 계속해서 제 1계명으로 나아간다. 각각 나란히 서있는 계명들은 첫 계명과 연관하여서 구체적으로 주석한다. 이웃에 대한 범죄도 범죄의 뿌리인 첫 계명의 어김에서부터 설명한다.[1]

그리고 죄는 계시되어야 한다고 말한다. 죄가 도덕적이고 윤리적인 결함일 수 있다. 그러나 죄는 근본적으로 하나님과 그분의 말씀을 범하는 행위이다. 즉 하나님을 모독함이다. 이것이 루터가 깨달은 '하나님 앞에' 서

---

[1] Ebeling, "Theologie zwischen reformatorischem Sündenverständnis und heutiger Einstellung zum Bösen", in Wort und Glaube, Tübingen 1975, 193.

있는 인간의 본래적인 모습이다. 하나님은 죄를 징벌하시는 진노의 하나님이시다. 우리는 이 모습을 오직 계시를 통하여 알게 된다. 이 때문에 우리는 매일 매일 하나님의 말씀을 들어야 한다. 즉 하나님의 말씀인 성경을 읽으면서, 하나님께서 직접 하시는 말씀을 들어야 한다. 죄가 무엇인지는 오직 하나님만이 우리에게 말씀하실 수 있다. 우리의 양심은 하나님으로부터 도망하려 하면서, 하나님 앞에서 하나님의 얼굴을 뵈려 하지도 않고 뵐 수도 없다. 오직 말씀을 통하여 하나님 앞에 설 때 우리는 자신이 죄인임을 알게 되고 자백하게 된다.

죄를 알고 자백할 때, 하나님과의 관계는 비로소 회복된다. 하나님 앞에서 날마다 쉬지 말고 하나님의 말씀을 읽고 들으면서 자신의 죄인됨을 고백하기 바란다.

2. 하나님 앞에 선 인간, 의인

'하나님 앞에서'를 뜻하는 이 말은 인간이 하나님 앞에서 죄인으로 폭로된다는 말이다. 이 말에는 두 번째 의미가 있다. 즉 이 죄인이 하나님 앞에서 의인이 될 수 있다. 어떻게 인간이 하나님 앞에서 의인이 될 수 있는가?

죄인인 인간은 하나님으로부터 도피하려고 한다. 하

나님 앞에 서 있는 죄인이 살 수 있는 길은 하나님으로부
터 도피가 아니라, 하나님께로 도피하여 그를 피난처로
삼는 길이다. 하나님을 당당하게 대면해야 한다. 시내산
에서 하나님과 이스라엘 백성은 정면으로 대면하였다.
하나님께서 이스라엘을 부르고 소집하셨다. 아담은 피
했으나, 이스라엘은 하나님 앞에 출두하였다. 그들은 애
굽의 고기 가마 곁으로 피하려고 하였다. 이런 충동은 한
두번이 아니었다. 아담처럼 지속적으로 하나님으로부터
피하려는 자세가 바로 우리의 본성이다. 죄인은 하나님
을 떠나서 고립 중에 살려고 한다.

　　루터도 피하고 싶었다. 그러나 하나님께서 루터를
놓지 않으셨다. 그가 어디로 가든지 하나님은 항상 그곳
에 계셨다. 준엄한 심판의 하나님께서 그를 놓지 않으셨
다. 그래서 너무나 괴롭고 고통스러웠다. 그는 수도자가
되어서 흠 없이 살면서 하나님과 화해하려고 하였다. 한
편으로는 자기 의를 쌓으려고 애를 썼고, 다른 한편으로
는 교인들에게 고해성사를 베풀었으나 정작 그의 마음
에는 평안이 없었다. 아무리 정직하고 의롭게 살려고 하
지만 그 순간, 그리고 잠자리에서 남는 것은 후회뿐이었
다. 루터가 하나님을 피하지 않고 대면했지만, 하나님 앞
에 서 있을 수 없었기에 도피와 다를 바 없었다. 죄인을

징벌하시는 하나님을 그는 사랑하지 않고 실상은 미워하였다. 그는 하나님을 향하여 욕하지는 않았으나, 불평 가운데서 모든 용기를 잃고 말았다.

이때에 루터가 깨달은 말씀이 '의인은 믿음으로 살리라'(롬 1:17)였다. 즉 그는 이런 내면적인 문제를 해탈의 방식이 아니라, 성경 말씀과 그 말씀의 바른 이해에서 해결책을 찾았다. 이것이 '오직 성경'의 내용이기도 하다. 문제는 '의(義)'이다. 이전의 루터는 의를 자신의 의로 생각하였다. 준엄하신 하나님께서 루터 자기에게 의를 요구하신다고 생각했다. 이것은 자기에게 무언가 보여줄 것이 있어야 상관이나 윗사람이 자기에게 관심을 기울일 것이라는 일반적인 생각과 같다. 우리 사회에 만연해 있는 뇌물이 이런 의식에서 나온다. 그런데 성경은 하나님의 의가 어디에 있으며, 어디에 나타난다고 하는가? 의는 인간 속에 있지 않고, 하나님만이 의로우시며, 하나님께서는 당신의 의를 복음에서 계시하셨다. 하지만 그 의를 우리는 우리의 공로로 얻을 수 없다. 오직 믿음으로 얻게 된다. 의는 인간의 행위 없이 은혜로 죄인인 인간에게 주어진다. 그리고 나는 그 은혜로 주어지는 하나님의 의를 믿음으로만 받는다. 그러므로 아무 육체도 하나님 앞에 자랑할 수 없다(고전 1:29).

핵심은 '의'이다. 루터는 성경이 말하는 의가 인간의 자기 의가 아니라, 하나님의 의임을 알았다. 루터는 이것을 시편을 강해하면서 깨달았다. "주의 의로 나를 건지시며 구원하소서."(시 71:2) 여호와 하나님을 피하지 않고 피난처로 삼는 자, 그는 야웨의 의로 구원을 얻게 된다. 그런데 그 의가 바로 복음에 계시되었다. 복음에 계시된 이 의는 무엇인가? "이제는 율법 외에 하나님의 한 의가 나타났으니 율법과 선지자들에게 증거를 받은 것이라(롬3:21-22)." 이 의는 하나님의 사랑의 화신(化身)이신 우리 주 예수 그리스도이시다. 복음은 하나님의 의이신 예수 그리스도께서 입고 계시는 옷이다. 우리는 믿음으로 이 옷을 입고서 '하나님 앞에' 설 수 있다.

우리가 예수님 없이 '하나님 앞에' 서면 죄인이다. 이것이 코람데오의 첫 의미였다. 이제 이 예수님을 입고 '하나님 앞에' 서 있는 자는 의인이다. 예수님의 이름을 부르면서 하나님 앞에 서면 의인이다. 코람데오의 두 번째 의미는 우리의 의이신 예수 그리스도 안에서 비로소 우리는 의인이라는 진리이다. 이처럼 코람데오는 루터가 깨달은 이신칭의의 다른 표현이기도 하다. 하나님의 의는 예수 그리스도 안에서 나타났고, 우리는 이 예수님을 믿음으로써 하나님의 의를 입게 되고 의인이 된다.

루터가 코람데오로써 오직 죄인이라는 사실만을 주장하였다면, 그는 영원한 비관론자가 되고 말았을 것이다. 사실 죄도 오직 계시를 통해서만 깨닫는다는 사실이 진리라면, 우리는 그리스도 안에서 의인이라는 이 영원한 낙관론으로 인하여 자신이 죄인이라고 담대하게 고백할 수 있다. 이제는 죄인의 자리에서 의를 추구하지 않고 의인으로서 죄를 바라보게 된다. 우리는 그리스도 안에서 하나님 앞에 서 있는 의인으로서 죄와 싸우되 피 흘리기까지 대항하고 이겨야 한다(히 12:4).

이 때문에 우리는 오직 예수 그리스도를 길로 삼아서 하나님께 나아갈 수 있다. 기도가 아주 좋은 예이다. 우리가 하나님을 부를 때는 항상 우리의 대언자이신 예수님의 이름으로 부른다. 이것은 빈손 들고 십자가를 붙들면서 하나님 앞에 서서 살아간다는 고백이기도 하다. 인간은 누구든지 하나님 앞에서 산다. 다만 이 '하나님 앞에' 자기 혼자 서느냐, 아니면 예수님 덕으로 서느냐의 차이뿐이다. 오직 그리스도, 오직 은혜, 오직 믿음일 수밖에 없다. 예배 마지막에 선포되는 축복은 '예수 그리스도의 은혜'로 시작한다. 우리는 예수님으로 우리를 덮어 감추지 않고서는 지금부터 영원토록 하나님 앞에 설 수 없다.

그러나 우리는 일상에서 예수님 없는 삶을 살아가

기 일쑤이다. 우리도 예수님 없이 살며, 예수쟁이로서 살지 않을 위기 가운데서 하나님 앞에 서 있다. 이름만 올려놓은 신자가 많으며, 유명무실한 교회가 적지 않은 것은 코람데오의 고백을 철저하게 수행하지 못하고 있기 때문에 나온 현상이리라. 우리는 하나님 앞을 떠날 수 없는 존재들이다. 우리는 죄인과 의인으로서 지속적으로 살아간다. 참 진리이신 그리스도 안에 있으면서도 어찌 하나님 앞에서 거짓말을 하며, 남을 해치는 인신공격을 할 수 있겠는가. 어찌 부정을 꾀하며, 부패하고 타락한 행각을 벌이겠는가. 그런 순간 우리는 어느 존전(尊前)에 있는가? 물론 하나님의 의이신 예수님으로 인하여 하나님 앞에 서는 자는, 예수님 때문에 죄인이 될 수 없다. 그러나 예수님을 벗어나는 순간 우리는 죄인이 되며, 동시에 무신적(無神的)이게 된다. 우리의 범죄는 예수님을 다시 십자가에 못 박아 현저하게 욕보이는 처사가 될 수 있음을 알아야 한다(히 6:6).

코람데오, 이것은 우리가 한 순간도 벗어날 수 없는 삶의 조건이다. 매일 성경을 읽으면서 하나님의 말씀을 듣고, 하나님 앞에서 의인으로 살아가야 하겠다.

3. 하나님 앞에서의 정직

우리는 앞에서 '하나님 앞에서', 또는 神前意識으로 번역되는 코람데오를 '정직'으로 파악하는 경향이 있음을 보았다. 그런데 이것이 부분적으로만 옳음도 알게 되었다. 일반적으로 '하나님 앞에서 정직'을 보편적인 명령 정도로 여기는 것은 코람데오를 윤리적으로만 이해하기 때문이다.

한국 사회가 시끄러울 때마다 간간이 공동 성명을 발표하는 한국종교인연합회가 있다. 아마 이들이 모이면, 우리 사회의 부정과 부패를 탄식하면서 '정직한 사회'를 만들어야 한다고 역설할 것이다. 그런데 사람이 어떻게 하면 정직할 수 있는가를 질문하면, 이 질문에 대한 접근 방식이나 해답은 각자의 종교적 배경에 따라 현격한 차이를 나타낼 것이다. 불자(佛子)는 마음이 부처니까 마음을 잘 닦아야 한다고 말하고 유학자도 인간은 수양을 통하여 자기 속의 천성(天性)을 바르게 발휘해야 한다고 주장할 것이다. 천도교도라면 경천사상(敬天思想)에 기초하여서 성(誠), 경(敬), 신(信)의 덕을 잘 쌓아야 한다고 역설할 법하다.

우리는 코람데오의 관점에서 정직을 말해야 한다.

정직은 행동과 삶에서 나타나는 윤리적인 자세이다. 그런데 정직이라는 열매의 그 뿌리는 무엇인가? 개혁자 루터의 신앙적 투쟁에서 나타났듯이, 우리는 먼저 하나님 앞에 서 있는 죄인인 자신을 깨달아야 한다. 이 죄 문제가 해결되지 않으면 정직을 운운할 수 없다. 따라서 정직은 윤리적이기 전에 종교적이다. 하나님 앞에 서 있는 인간은 죄인이다. 하나님 앞에서 죄인인 인간은 정직할 수가 없다. 오직 하나님 앞에서 의인인 자만이 정직하게 살아갈 수 있다. 그런데 하나님 앞에서 의인은 하나도 없다. 우리의 의이신 예수 그리스도를 덧입을 때만 하나님 앞에서 의롭다는 인정을 받는다. 우리가 의인이 되는 길은 오직 은혜이다. 은혜로 살아가는 성도는 자기의 공로를 내세울 수 없다. 인간에게서 나올 것은 죄밖에는 없기 때문이다.

루터는 코람데오를 '죄인과 동시에 의인'이라는 말로 요약하였다. 죄인이었던 우리는 그리스도 안에서 원리적으로 의인이 되었다. 그렇다 하여서 우리가 한번만 예수를 덧입고 의로워지면, 계속 의인으로서 하나님 앞에 설 수 있다는 말은 아니다. 우리는 지속적으로 예수를 벗어버리려고 발버둥 친다. 우리 속에 있는 죄성 때문이다. 우리 속에 여전히 남아있는 옛사람을 죽이기 위하여 우리는 부단히 애써야 한다. 이제는 내가 아니라 내 속에 예수님이 사시게 하여야 한다(갈 2:20). 이제부터는 죄인 아무개가 아니라 예수라는 성을 가진 '예수 아무개'가 하나님 앞에 서서 살아야 한다. 예수를 떠난 우리는 죄인이요, 예수가 떠난 우리의 삶은 지옥의 삶이다.

'죄인과 동시에 의인'인 삶은 예수 때문에 가능해졌다. 새사람이 되고 새 삶을 살 수 있는 것은 전적으로 예수님의 공로 때문이다. 그런데 이 삶은 오직 성령님의 능력으로 계속될 수 있다. 예수께서 어떻게 내 안에서 살 수 있는가? 부활하신 예수님의 영이신 성령께서 "예수님의 것을 가지고서"(요 16:14) 우리 속에 살아 임재하고 계신다. 그리고 성령께서는 자기 마음대로 말씀하시지 않고 들은 대로 말하신다(요 16:13). 예수님도 마음대로 말하지 않고 자기를 보내신 아버지께서 명하신대로 말씀하셨다(요 12:49). 성부와 성자와 성령 하나님께서 하시는 말씀은 동질성과 연속성을 가진다. 우리가 매일 말씀을 묵상하는 이유는 삼위일체 하나님의 동일한 말씀을 묵상하면서 교제하기 위함이다. 말씀을 통하지 않고는 하나님과 사귈 수 없다. 말씀을 깨닫는 길은 오직 기도밖에 없다. 이처럼 하나님 앞에서 '죄인인 동시에 의인'으로 살아가는 우리는 오직 하나님의 말씀과 기도를 통하여 살아가야 한다.

　코람데오는 윤리적 정직만을 의미하지 않는다. '하나님 앞에서 죄인인 동시에 의인'이라는 원래의 의미를 먼저 생각해야 한다. 코람데오의 결실 중에 정직이라는 윤리적 결실도 있다. 어쨌든 우리 사회의 부정직을 윤리적 차원에서만 치유할 수는 없다. 사람을 바꾸어야 한다. 사람을 바꾸는 이 일은 사람이 할 수 없다. 오직 하나님만 하실 수 있다. 루터는 교회 개혁이라는 대업을 완수하였지만, 이것이 그의 일차적 목표는 아니었다. 그는 사람을 바꾸려고 하였다. 그것도 남이 아니라 자신을 바꾸려하였다. 아니, 자신이 말씀과 성령으로 바꾸어졌다. 개혁은 제도 개혁 이전에 '사람 개혁'이다.

　사회가 혼란스러우며 그 속에서 교회도 부패하여질 때, 사람들은 개혁을 추구하게 된다. 그러나 제도조차라도 개혁할 수 있는 개혁 세력이 어찌 하루 아침에 솟아날 수 있겠는가. 개혁의 주체 세력이라 자칭하였던 전두환 정권은 자기들만이 개혁 주체라는 자부심 때문이었던지 '개혁신앙'[2]이라는 우리의 잡지를 폐간시켰다. 일반적으로 개혁 세력이라고 자부하는 이들은 개혁을 효과적으

---

2 대한예수교장로회고신총회에서 발행하던 월간지.

로 수행하기 위한다는 명목으로 자기 세력을 조직적으로 규합하고 이전의 이른바 反개혁 세력을 보다 더 철저하게 무력화시킨다. 대의명분을 내세우면서 때로는 비개혁적인 방법을 동원하기도 한다. 군사 정권과는 달리 민의에 의한 정통성을 확보하였다는 최근의 정권들에게서도 개혁의 주객이 전도된 듯하다. 마찬가지로 교회 안에서도 개혁을 운위하는 세력들이 여기저기에서 나타나고 있다. 이들도 예외 없이 제도적 개혁을 추구하면서 새로운 제도를 도입함으로써 교회를 개혁할 수 있다는 안이한 생각을 하는 듯한 인상을 풍긴다.

그런데 과연 누가 개혁의 주체 세력으로 세상과 교회의 무대에 등단할 수 있겠는가. 누가 누구를 향하여 돌을 던질 수 있겠는가. 개혁이 제도 개혁 이전에 사람 개혁이라면, 우리 스스로는 일차적으로 개혁의 주체가 아니라 개혁의 대상이다! 우리를 개혁시킬 인간은 없다. 의로 우신 삼위일체 하나님만이 우리를 개혁시키는 주체이시다. 아주 놀랍게도 칼뱅은 인간을 개혁의 주어로 말한 적이 없다. 그는 설교와 저서에서 성부, 성자, 성령 하나님을 각각 또는 함께 우리를 개혁시키는 주어로 삼고 있다.

우리를 개혁하실 분이 오직 코람데오의 하나님이시라면, 우리도 남을 개혁시킬 수 없다. 이것은 분명한 사실이며, 끔찍하다 할 결론이다. 다만 개혁의 하나님이 '파송'하시는 자들이 사람을 개혁시켜야 하는 책임을 지게 된다. 우리 모두는 이렇게 파송을 받은 자들이다. "너희는 세상의 소금과 빛"이라는 말씀은 파송 받아서 세상을 개혁해야 하는 우리의 사명감을 지칭한다. 그럼에도 우리가 아니라 하나님만이 개혁할 수 있다. 하루 아침에 솟아난 개혁 주체라고 자처할 수 없기에, 우리는 매일 말씀으로써 자신을 개혁시켜야 한다. 하나님 앞에서!

코람데오와 하나님의 의

Coram Deo • Psalm 51

코람데오와 하나님의 의

1. 코람데오와 하나님의 의에 대한 루터의 고뇌

루터는 1545년에 비텐베르크에서 출판한 전집의 서문에서 자신이 '하나님의 의'를 깨닫게 되는 과정을 서술하고 있다. 그는 1518-19년에 두 번째로 시편을 강의하였는데, 그의 서술은 이 시절에 대한 회고이다. 그는 1513-18년까지 시편(1513-15년), 로마서(1515-6년), 갈라디아서(1516-7년)와 히브리서(1517-8년)를 강의하였다. 이미 첫 번째 시편 강의에서부터 루터는 시편을 그리스도의 노래로 이해하기 시작하였다. 특히 시편 22편의 "나의 하나님이여, 나의 하나님이여"에서 다윗이나 루터 자신보다 그리스도께서 먼저 인간과 하나님의 버림을 받는 고난(Anfechtung)을 받았음을 깨달았다. 루터는 주로 구약과 바울 서신을 강해하였다(복음서는 다른 동료가 맡고 있었다). 루터의 고백에 의하면 두 번째 시편 강의(1518-9년)를 통하여 그는 이신칭의의 진리를 깨닫게 되었다. 그러나 루터 자신의 이 회고가 역사적으로 정확한지를 질문할 필요가 있다. 우리는 이 책에서 루터가 두 번째 시편 강해 이전에 이미 하나님의 의를 바로 깨닫고 있었고, 그것도 교수로 일하기 시작하고 나서 비교적 빠른 시기에 이 진리를 깨달았음을 밝혀보려고 한다. 단적인 예로 그는 첫 강해에서 시편 71:2절을 "주의 의는 주 앞에서 의롭게 함인데, 이로써 사람들이 의인이다"라고 주석한다.[3]

　　루터는 1545년 전집의 서문에서 다음과 같은 말을 한다.

---

[3] M. Luther. Werke: Kritische Gesamtausgabe, Weimar Weimar-Köln-Tübingen 1883ff, 3,458,19-20. 그는 계속하여서 "믿음의 의로써 사람들은 의인이다"고 한다, 459,16. 이 전집은 'Weimarer Ausgabe'로 불리면서 'WA'라는 줄여 부른다. '3,458,19-20'에서 '3'은 권을, '458'은 페이지를, '19-20'은 줄을 표기한다.

"나는 학교(비텐베르크 대학교)에서 바울의 로마서와 갈라디아서, 히브리서를 강해하고 난 뒤에 더 잘 무장되었다는 확신을 가지고서, 그 해(1519)에 다시 시편 강해를 재개하였다. 나는 로마서의 바울을 이해하려는 아주 엄청난 열망에 사로잡혀 있었다. 그러나 1장에 나오는 '복음에는 하나님의 의가 나타났다'는 말이 지금까지 장애물이 되었다. 왜냐하면 나는 모든 교사들의 용법과 관습을 따라 철학적으로 이해하도록 배웠던 '하나님의 의'라는 용어를 미워하였다. 이는 (저들이 불렀던 대로) 형식적 또는 능동적인 의를 의미한다. 이 '의'로써 하나님은 의로우시다. 하지만, 불의한 죄인들을 징벌하시는 분이시다. 내가 수도자로서 나무랄 데 없는 삶을 살아왔지만 나는 하나님 앞에서(coram Deo) 불편한 양심을 가진 죄인임을 느꼈다. 나는 나 자신의 속상(贖償)[4]으로써 하나님을 기쁘게 할 수 있다고는 믿을 수 없었다. 나는 의로우시면서 죄인들을 징벌하는 하나님을 사랑하지 않았으며 사실은 입은 다문 채 하나님을 모독하는 정도가 아니라, 엄청나게 원망하고 화를 내면서 이

---

4 saticsfactio. 천주교는 '보속'으로 번역한다. 신학계가 일반적으로 '만족'으로 번역하고 있으나 '속상'이 더 정확하다.

하나님을 미워하였다.”

진리를 깨닫기 전에 루터는 인간적으로 볼 때 흠 없는 수도자였지만 하나님 앞에서 하나님과 정면으로 대결하였고, 징벌하시는 하나님을 사랑하지 않았으며 미워하기까지 하였다고 고백한다. 하나님께서는 원죄나 구약의 율법으로도 부족하여 복음까지 동원하면서 자기의 진노와 의를 관철시키려 한다고 불평하였다. 그러나

“하나님께서는 자비로우셨기 때문에 내가 밤낮으로 이 단어들의 관계, 즉 ‘복음에는 하나님의 의가 나타나서… 오직 의인은 믿음으로 말미암아 살리라’(롬 1:17)라는 말씀을 묵상하는 동안, 이 하나님의 의를 깨닫기 시작하였다. 의인은 하나님의 은사 곧 믿음으로 말미암아 살며, 이 의가 복음을 통하여 계시된다는 이 문장은 수동적이다. 이 (수동적) 의로써 자비로우신 하나님께서는, ‘의인은 믿음으로 산다’고 기록된 바와 같이 우리를 믿음으로써 의롭게 하신다. 이를 깨달음으로써 나는 다시 태어나서 열린 문을 거쳐 바로 낙원에 들어가는 기분이 들었다. 나는 곧장 내가 기억하는 성경을 살펴서 다른 용어에서도 유사성을 채집하였다. 즉 ‘하나님의 일’은

하나님께서 우리 안에서 일하신다는 뜻이요, '하나님의 능력'은 하나님께서 우리를 강하게 만드시는 능력이요, '하나님의 지혜'는 하나님께서 우리를 지혜롭게 만드시는 지혜로 이해하기 시작하였다."[5]

루터는 하나님의 의는 하나님께서 우리를 정죄하고 징계하시는 의가 아니라 우리를 의롭게 하시는 의임을 깨달았다.

루터는 죽기 1년 전에 지난 일을 회고하면서 두 번째 시편을 강해할 당시에 자신이 이런 영적 투쟁 중이었다고 밝혔다. 이 투쟁은 적어도 수년간 계속되어왔음을 짐작할 수 있다. 루터는 1519년경에 이신칭의의 의미를 구체적으로 깨닫기 전에 이미 자신이 하나님 앞에서 죄인이라는 사실을 자각하고 있었고 이신칭의의 진리도 어느 정도 깨닫고 있었다. 루터에게 '코람데오'는 일차적으로 죄인인 인간을 뜻한다. 루터는 코람데오의 인간의 모습을 이신칭의의 진리로써 해결하였다고도 말할 수 있다.

---

5 54,185,17-186,13.

2. 코람데오와 하나님의 의 1
– 루터의 시편 강해

　　이제 루터의 초기 성경 강해를 중심으로 그가 코람데오를 어떻게 사용하고 있는지를 살펴보자. 먼저 첫 시편 강해이다(1513-16). 그는 시편 36:6의 '주님의 의'를 주해하면서, "우리는 하나님의 신앙의 의로써 하나님 앞에서 의롭다"고 말한다. 이미 첫 강해부터 루터가 의를 '수동적인 의'로 이해하고 있었다는 좋은 단서를 제공한다. 시편 36:5절의 '하나님의 성실'(주의 진실하심 / 개역개정)을 루터는 '하나님의 신실성'이라고 번역하면서 자기 약속에 대한 신실성 또는 완성(그 약속을 끝까지 지키심)으로 보았다. 그리고 곧장 그 약속은 그리스도요 그리스도 안에 하나님의 은혜가 약속되었다고 덧붙인다. 하나님의 의와 성실을 그리스도 안에서 결합시켜서 우리가 이 의로써 의롭게 된다고 말한다.[6] 이미 루터는 교수 사역 초기부터 이신칭의를 깨닫고 있었다. 이 이신칭의는 '하나님 앞에서' 이루어진다.

---

6 3,199,16-19. 루터는 시편 48:10(47:12)절에 대해서도 "신앙의 의는 하나님 앞에서 의인들을 만든다"고 말한다. 3,269,21.

루터는 사람 앞에서의 의와 하나님 앞에서의 의를 구별한다. 그는 "하나님은 심판장이시다"는 시편 50:6절을 다음과 같이 주석한다.

"어떤 이가 사람들 앞에서 지닐 수 있는 의는 충분하지 않으며, 하나님 앞에서 의롭기 위해서는 하나님의 의가 요청된다. 사람의 심판이 아니라 하나님의 심판을 받아야 하기 때문이다. 그러므로 하나님께서는 심판장이다."[7]

언젠가는 모든 인류가 다 받을 심판을 견디기 위해서는 먼저 하나님의 심판을 받아야 한다는 말이다. 이 심판으로 인간은 하나님 앞에서 의롭게 된다. 즉 심판이 곧 의인(義認), 곧 의롭다고 인정을 받음이다. 심판을 통하지 않고는 의로워질 수 없고 심판을 견딜 수 없다는 말이기도 하다.

루터는 시편 72편에 나오는 여호와의 정의와 공의를 설명하면서 정의와 공의가 구약에서는 장래에 대해서라기보다는 비유적(tropologice)이거나 풍유적(allegorice)으로 사용된다고 말한다. 그 이유는 구약(옛 율법)이 그리스도

---

7 3,283,37-38.

의 초림만을 예언하고 있기 때문이다. 구약에서 그리스도는 자비로운 구원의 정의로 다스리신다. 루터는 "하나님의 의가 율법과 선지자들에게 증거를 받았으니 곧 예수 그리스도를 믿음으로 말미암는 의이다"(롬 3:21-22)는 말씀을 인용한다. 그는 구약에 나오는 하나님의 정의를 세 종류로 설명한다.

먼저 비유적 의미를 살핀다.

"비유적으로 하나님은 육과 세상의 사역을 정죄하신다. 즉 우리와 세상의 모든 일들은 하나님 앞에서 혐오스럽고 저주받았음을 보여준다. 그러므로 신앙으로 말미암아 그분을 붙잡는 자마다 필시 자신이 쓸모없고 무가치하며 혐오스럽고 저주받았음을 안다. 이것은 진정한 겸손이다. 이로써 겸손의 본질과 특성이 가장 잘 드러난다. 스스로 겸손하거나, 겸손하다고 말하거나 자랑하지 않고, 마음속에서나 말 뿐 아니라 행위로도 자신을 쓸모없고 저주받은 자라고 인정하는 자가 겸손하다. 그러므로 육을 징계하고 십자가에 못 박는 것과 세상에 있는 모든 것을 저주함이 하나님의 정의이다. 하나님은 정의, 즉 복음과 자기의 은혜를 통하여 자기 백성 중에서 일하신다.

이것이 바로 의이다. 스스로 불의하고 따라서 하나님 앞에서 겸손한 자 그에게 하나님은 자기의 은혜를 베푸신다. 성경이 말하는 의는 바로 이런 의미이다. 이처럼 의는 비유적으로 그리스도에 대한 믿음(fides Christi)이다."[8]

루터는 여기에서 여러 가지 내용을 말하고 있다. 구약에 나오는 여호와의 정의가 의와 연관되어 있으며. 이 정의와 의는 결국 그리스도에 대한 믿음이다. 하나님의 의를 입는 자는 자신의 무가치함을 하나님 앞에서 깨달아야 하며 육을 십자가에 못 박아야 한다. 정의는 복음이고 의이며, 자신이 하나님 앞에서 불의한 자임을 깨닫는 자가 하나님의 은혜를 받게 된다. 우리는 하나님 앞에서 소망 없이 버려진 자임을 깨달아야 한다. "세상 앞에서 지극히 겸손한 자는 하나님 앞에서 지극히 높임을 받는다."[9] 이렇게 자신을 겸손히 낮추는 자는 그리스도

---

8 3,462,27-363,1.

9 4,449,36-37. "자기를 높이는 자는 낮아지며, 자기를 낮추는 자는 높임을 받는다. 하나님의 의는 전적으로 이것이니 자신을 가장 깊은 데까지 낮추는 것이다. 그런 자는 가장 높은 데까지 올라간다. 그가 가장 깊은 데까지 내려갔기 때문이다. 그는 진정으로 그리스도를 체험한다. 그는 가장 크고 깊은 겸손을 통하여 하나님의 능력이요 의이다. 그러므로 그는 영광을 통하여 가장 높은 곳에 계신다. … 진리, 지혜, 힘, 구언, 의 등을 통하여 하나님은 우리를 강하게 만들고, 구원받게 하시며, 의롭게 하시고 지혜로운 자로 만드신다. 그리스도는 문자적으로 이 모든 것이다", 3,458,3-11.

에 대한 믿음으로써 의롭게 된다. 하나님은 우리를 먼저 심판하시고 그리스도로 인하여 우리를 의롭게 만든다.

둘째, 풍유적 의미의 정의이다. 풍유적인 정의에는 선인을 식별하고 악인을 심판하며, 신자와 불신자를 구별하는 양면이 있다.[10] 그리스도께서는 교회 안에서 이 일을 은밀하게 행하신다. 따라서 정의의 이런 측면은 가늠할 수가 없다. 성령께서는 구원하시려고 정죄하신다. 그러면 정의는 복음이다. 복음은 인간의 정의와 상충하며, 인간이 택하는 바를 정죄하고, 사람이 정죄하는 바를 택한다. 곧 그리스도의 십자가에서 나타난 정의이다! 그분께서 죽으시고 백성에게 버림을 당하셨듯, 우리도 그분과 더불어 이 정의를 지니면서 영적으로 십자가에 달리고 죽어야 한다.[11] 복음은 정의와 공의이기 때문에 온전하고 완성되었음을 알 필요가 있다. 완성되었을 뿐 아니라 하나님께서 행함으로써 완전해진 복음 자체가 정의이며 공의이다. 이로써 그리스도께서 교회를 다스리신다. 정의인 복음은 심판 받아야 할 바와 선택해야 할 바

---

10 3,46416-17, 463,6.

11 3,463,15-20.

를 동시에 보여준다.

셋째, 신비 상징적으로 정의는 심판의 정의이다. 이는 장래적 의미를 지니고 있다. 곧 "의로우신 심판이 나타남"(롬 2:5)이나 "하나님의 보복의 날"(사 61:2) 등에서 보듯, 더 이상 다른 의미 없이 오직 심판과 보복을 뜻한다.[12]

루터는 이 시편 72편 주석에서 '정의와 공의'가 함께 나오는 시편의 많은 본문들을 인용하고 난 뒤, 하나님의 의와 능력과 지혜는 우리를 지혜롭고, 강하고 의롭고 겸손하게 만든다고 말한다[13]. 이 말은 1545년판 서문에서 나오는 바와 같다.

3. 코람데오와 하나님의 의 2
-루터의 로마서 강해(1515-16)

"우리가 죄인이요 거짓말쟁이며, 우리의 덕과 의는 하나님 앞에서 속속들이 무가치함을 우리는 믿는다. 비록 우리가 우리 안에서는 그러하지 않다하더라도, 즉 우리

---

12 3,464,10-13. 참조, 알리스터 맥그래스, 십자가의 신학(컨콜디아, 2011)

13 3,465,1-35. 그가 인용하는 시편은 89:14, 97:2, 99:4(상반절과 하반절), 33:5, 37:28, 1:5, 96:13, 98:9, 그리고 이사야 9:7, 11:4(개역의 '공의'는 원문에 '의'이다) 등이다.

가 그러한 존재라고 믿지 않는다 하더라도 우리 바깥, 즉 하나님 앞에서 있는 그대로 우리는 우리 속에서도 그러하다. 왜냐하면 하나님만이 스스로 진실하며 의롭고 능하시듯이 그분은 영광 받기 위하여 자기 밖, 곧 우리 안에서 그런 분으로 임재하시기를 원하신다. 모든 사람이 자기 밖에서, 곧 하나님 앞에서 거짓말쟁이요, 불의하며 연약하듯이, 인간 자신 안에서도 그러한 존재임을 알기를 하나님께서는 원하신다. 즉 사람은 스스로 그러한 존재임을 고백하고 알아야 한다. 하나님은 자기 밖으로 나오심으로써 우리가 우리 안으로 들어가게 하시고, 자기의 지식을 통하여 우리에게 우리 자신에 대한 지식을 주신다. 왜냐하면 하나님께서 이처럼 먼저 나오셔서 우리 안에서 진실하시려고 하지 않으시면, 우리는 우리 안으로 들어갈 수 없고 우리는 거짓말쟁이요 불의한 자가 된다. 즉 하나님께서 계시하시지 않으면, 인간은 자신이 하나님 앞에서 그러한 존재임을 스스로 알 수 없다."[14]

루터는 인간의 내면성과 하나님 앞에 있는 외면성

---

[14] 56,229,11-25. 루터는 히브리서 강해까지 전통적인 중세 스콜라신학의 주석방법을 따른다. 즉 먼저 어휘에 대한 간략한 설명(**glossa**)을 먼저 하고, 별도로 주석(**scholae**)을 한다.

의 괴리를 잘 지적하고 있다.

> "그리스도 외에 누구라도 율법을 완수하지 못한다. 즉
> 누구라도 항상 선에는 약하고 악을 향하고 있기 때문에
> 하나님 앞에서 의롭지 않다."[15]

게다가 인간은 하나님께서 인간 본래의 모습을 보여주실 때만 자신을 인식할 수 있다. 하나님께서는 자기의 지식을 통하여 우리에게 우리에 대한 지식을 주신다. 즉 하나님께서 우리 속에 들어오셔야 한다.

루터는 사도 바울이 로마서 12장까지 인간의 의와 지혜를 깨뜨리고 그리스도와 그의 의가 우리에게 필요함을 말하고 있으며, 12장부터는 이미 받은 그리스도의 의를 가지고 우리가 무엇을 행해야 하는 지를 보이려고 한다는 말로써 로마서 강해를 시작한다. "왜냐하면 인간은 하나님 앞에서 의로운 일을 함으로써 의로워지지 않고, 의로워져서 의로운 일을 하기 때문이다."[16] 루터는 이 한 마디로써 중세가 의로운 행위와 공로 위에 세운 구원

---

15 56,260,18-20.

16 56,3,14-4,11.

관을 그 기초부터 허물어뜨린다.

"하나님께서 주신 복음은 믿는 자로 하여금 구원을 받게
한다. 그러므로 복음을 가진 자는 사람들 앞에서는 어리
석고 연약하다고 여겨진다 하여도, 하나님 앞에서와 하
나님으로부터는 능력이 있고 지혜롭다."[17]

"그러나 자기가 정말 어리석다고 말하는 자는 정말 지
혜롭다. 스스로 능력 있고 잘 났고 고귀하다고 자찬하
는 자들은 사람들 앞에서는 비록 그렇다 할지라도 하나
님 앞에서 사실상 연약하고 못 났고 고귀하지 않다."[18]

로마서 3장 9절 이하를 번역하면서 그는 '하나님 앞
에서'를 첨가하는 독특성을 보인다.

"먼저는 유대인이요 그리고 학식이 있는 헬라 이방인
들은 사람들 앞에서는 선하고 의롭게 보일지라도 모두

---

17 56,10,19-22.

18 56,12,25-27. 사람 앞에서는 그렇지 않아도 하나님 앞에서는 의지적으로 범죄할 수
   있다. 56,26,25-27.

하나님 앞에서 죄 아래 있다. '의인은 없나니'란 누구라
도 하나님 앞에서 의로 여겨지지 않는다는 말이다. 실로
'깨닫는 자도 없다'는 말은 하나님 앞에서 하나님을 찾
는 지혜를 가진 이가 없다는 뜻이다."[19]

인간들은 하나님의 지혜와 의를 즐거워해야 함에
도 불구하고, 진실로 하나님 앞에서 그런 모습을 갖추고
있지 못하다는 뜻이다. "율법의 행위로 그의 앞에서 의
롭다 하심을 얻을 육체가 없다"는 로마서 3장 20절에 대
해서 "바울은 전체 토론을 자신이 의도하였던 대로 만인
이 하나님 앞에서 의롭지 않다는 명백한 결론으로 마친
다"고 정리한다.[20]

그러나 코람데오는 여기서 끝나지 않는다. 죄인임
을 아는 자는 믿음으로 말미암아 하나님 앞에서 의인
이 된다.

"스스로는 하나님 앞에서 불경건한 자가 하나님으로부
터 값없이 의롭다 함을 받는데, 그의 믿음(fides), 곧 신

---

19 56,33,6034,5

20 56,36,8-9.

앙(credulitas)이 의로 여겨진다는 말이다. 곧 하나님 앞에서 의인이 된다는 말이다."[21]

"인간의 교리는 인간의 의, 즉 누가 어떻게 자기 앞과 인간들 앞에서 의로운가를 계시하고 가르친다. 그러나 오직 복음에서 하나님의 말씀을 믿는 믿음으로 말미암는 하나님의 의(즉 누가 어떻게 하나님 앞에서 의롭고, 또 의로워지는가)가 계시되었다. … 하나님의 의는 구원의 근거이다"[22]

로마서 1:19절에 나오는 '하나님을 알만한 것'을 주석하면서 루터는 "하나님의 약한 것이 사람보다 강하고 하나님의 미련한 것이 사람보다 지혜 있다"는 고린도전서 1:25절을 인용한다.

"그런데 하나님의 모든 것(여기서는 특히 능력과 지혜)은 하나님 안에 있지 않고, 그분에게서 나와서 우리에게 있게 되는 바를 말한다. 하나님의 미련함과 연약함

21　56,41,12-13.

22　56,17127-172,3.

은 복음에 의하면 생명인데, 이를 가지고 하나님께서는 인간들 앞에서 우리의 외적인 면에 있어서 우리들을 미련하고 연약하게 보이도록 만드신다. 그런데 하나님의 지혜와 능력은 복음에 의하면 생명이요, 생명의 규칙이다. 이를 가지고서 하나님은 우리를 자기 앞에서 우리의 내적인 면에 있어서 지혜롭게 하시고 강하게 하실 뿐 아니라 그렇다고 인정하신다. 이 모든 것들은 반전된다. 즉 인간들 앞에서 하나님의 미련함과 연약함은 하나님 앞에서 지혜와 능력이며, 반대로 세상 앞에서 지혜와 능력은 하나님 앞에서 미련함이요 연약함이요 실로 죽음이다."[23]

이는 1545년판 서문에서 나오는 바를 상기시킨다. 루터는 첫 시편 강해와 마찬가지로 로마서 강해에서도 '하나님 앞에서'로써 죄인됨과 의인됨을 보여준다. '사람 앞에서'와 '세상 앞에서'는 '하나님 앞에서'와 대치된다. 오직 하나님께서 그리스도를 통하여 믿음으로 말미암아 우리 안에서 은혜와 자비를 베푸시고 의롭게 하셔야 한다는 진리는 로마서 주석에서도 계속 이어지고 있다.

---

23 56,173,24-174,2.

4. 코람데오와 하나님의 의 3
-루터의 시편 51편 강해

우리가 살펴본 대로 루터는 코람데오와 이신칭의를 밀접하게 연관시킨다. 이제 루터가 하나님 앞에서 죄인임을 철저하게 깨닫고 주석하는 시편 51편을 살펴보기로 하자. 물론 루터는 첫 강해에서도 이 시편을 다루었다. 그리고 두번째 시편 강해(1532년)때는 이 시편을 아주 길게 주석하였다. 우리는 이 두 차례의 강해를 서로 비교하면서 루터의 코람데오 이해가 어떻게 심화되어 갔는지를 살펴보려고 한다.

첫 강해에서 루터는 시편 51편의 기도는 공로나 행위가 아니라 주의 인자를 좇아 값없이 긍휼히 여겨주시기를 간구하고 있다고 강조한다. "내 죄과를 아오니"라고 부르짖어 죄를 알고 고백하는 일 말고는 할 일이 없음을 자백한다.

"그러니 자기 혐오와 통회를 통하여 '내 죄가 항상 내 앞에 있나이다'는 고백으로 하나님 앞에서 충분하다. 이 지식에서 출발하여, '내가 주께만 범죄하였나이다'라고 고백하며, 자범죄를 통해 모세나 율법이 아니라 주님께 범죄하였다는 말이 실로 옳음을 다윗은 알고 고백한다. '말을 못하는 아이로서 이미 범죄하였고 죄인이며 주 앞에서 악을 행하였나이다.… 설령 간음죄를 범하지 않았다 하더라도 나는 주님 앞에서 죄인이며, 죄악 중에 태어났기 때문에 지금까지 주님 앞에서 누구라도 의롭지 못합니다."[24]

루터는 하나님 앞에서 만인이 의롭지 못하며 죄인임을 말한다. 특히 죄란 모세나 율법을 문자적으로 어김이 아니라 바로 하나님을 훼방하는 인격적인 성격임을 강조한다. 그는 주석 부분에서 이 부분을 강하게 다시 부각시킨다. 그는 시편 51:4절을 인용하는 로마서 3:4-5절을 거론한다. 사람은 다 거짓되고 하나님은 참되시다. 그러나 인간은 의로워져야 참되고 진실할 수 있다. 주님은 주의 말씀에서 의롭다 함을 얻고 판단하실 때에 이기려 하신다. 그런데 하나님이 의롭다 함을 얻는 것은 우리의 불의가 하나님의 의를 드러내기 때문이다. 바꾸어 말하자면 '주께서 의로우시도록 내가 주께 범죄하였나이다'라

---

[24] 5. 3,284,15-285,3.

는 뜻이다.[25] 우리가 범죄하지 않았으면 주님의 의로우심이 드러날 수 없다. 루터는 이런 주석을 다음의 네 가지 명제로 정리한다.

> "첫째로 모든 인간은 하나님 앞에서 죄 중에 있으며 범죄하고 실로 죄인들이다. 둘째로 하나님께서는 이를 선지자들을 통하여 증거하셨고 결국은 그리스도의 고난을 통하여 입증하셨다. 인간의 죄 때문에 그를 고난받고 죽게 하셨다. 셋째로 하나님께서는 자기 안에서가 아니라 말씀과 우리 안에서 의롭다 함을 받는다. 넷째로 우리는 하나님 앞에서 죄인이기 때문에 죄인임을 인정하는 한, 죄인이다."[26]

하나님은 자기 자신을 정죄하고 저주하고 심판하는 자로부터 의롭다 함을 받으신다. 의인은 먼저 자기 자신의 고발자이며 저주자이고 심판관이다. 그래서 의인은 하나님을 의롭다 하고 이기게 하며 능가하게 한다. 반대

---

25 루터는 1532년 시편 주석에 이런 식의 주석을 스스로 거부한다. 이런 점을 볼 때 우리는 루터의 주석이 심화되었다고 말할 수 있다.

26 3,287,32,288,7.

로 불경건하고 교만한 자는 자칭 의인이요 자기 구원자
이다. 자기는 구원자이신 하나님이 필요 없다고 말하면
서 하나님을 판단하고 의롭다 하지 않으며, 그 하나님이
거짓말쟁이요 위선자라고 떠든다. 그러나 그가 우세할
수는 없다. 하나님께서 이기신다. 그러므로 우리는 하나
님께 범죄하였음과 죄인임을 알아야 한다.

> "진실로 우리는 하나님 앞에서 불의하며 무가치하고,
> 우리가 행할 수 있는 모든 것은 그분 앞에서 아무 것도
> 아니다."[27]

　　루터는 행위에 의한 의를 여기에서도 강하게 부정한
다. 하나님께서는 자기의 말씀으로 의롭다 함을 받으신
다. 하나님이 그리스도의 고난과 죽음을 통하여 우리 안
에서 나타나신다는 뜻이다. 말씀으로만 죄를 인식한다.
루터는 먼저 우리가 하나님 앞에서 죄인임을 인식하는
것이 중요하다고 강조한다. 루터는 이 시편을 기독론적
으로 해석한다. 아래에서 보겠지만, 칭의의 유일한 근거
는 예수 그리스도이시다. 루터가 시편 51편을 처음 강해

27　3,288,41-289,1.

하고 주석할 때에 이미 시편을 통하여 이신칭의를 점차 뚜렷하게 인식하기 시작하였음을 잘 볼 수 있다.

3장에서 51편을 더 깊이 살펴보기로 하자.

Martin Luther

섭자가의 신학
루터의 시편 51편 강해

십자가의 신학

루터의 시편 51편 강해

1. 루터의 하이델베르크 신학 토론(1518년), 그리고 한국교회

지금까지 우리는 루터 신학을 대변하는 코람데오를 살펴보았다. 이 말은 '죄인과 동시에 의인'이라는 말로 요약된다. 하나님 앞에서 그냥 있는 인간은 죄인이요, 하나님의 의이신 예수 그리스도를 입고서 하나님 앞에 선 인간은 의인이다. 1장에서 살펴 본대로 개혁은 제도의 개혁이 아니라 사람 개혁이다. 우리는 매일 아침 말씀을 통하여 자신을 개혁시켜야 한다.

생사를 건 개혁을 해야 할 만큼 한국교회의 상황은 심각하다. 물론 제도 개혁을 염두에 두고서 생사를 걸 필요는 없을 것이다. 그럼에도 한국교회의 무력과 부패의 상황이 심각함은 이루 말할수 없다. 중세교회가 화려한 건물과 광대한 토지, 그리고 정치적인 권세까지 소유하면서 속속들이 부패하였고, 신학자들은 사변에 빠져서 지적인 유희를 즐겼다. 그런 제도 속에서 루터는 마음에 평안을 누릴 수가 없었다. 그 때에 그는 '내가 의로운 하나님 앞에 어떻게 설까?'를 놓고서 영적인 씨름을 하였다. 예수 그리스도가 자신의 의라는 성경의 가르침을 깨닫고서 그는 외치기 시작하였다.

로마의 교황은 루터의 외침을 잠재우기 위한 공작에 나섰다. 그는 먼저 루터가 자신의 입장을 철회하도록 루터가 속해 있던 수도회(아우구스티누스 수도회)가 지도하라는 명령을 내렸다. 그래서 그 수도회는 1518년에 하이델베르크에서 자체 토론회를 가졌다. 이 토론에서 루터는 '십자가의 신학'을 주장한다. 루터는 중세의 공로 사상의 근거가 되었던 자유 의지를 부정하였다.

"자기 속에 있는 바를 행함으로 은혜에 이르기를 원한다고 생각하는 자는 죄에 죄를 더하여서 이중으로 죄과를 지게 된다."

주님께서 다시 살리신 자들에게서 논증이 되듯, 주님의 은혜를 입기 전에 자유 의지는 죽었다. 루터는 이런 배경에서 나온 '십자가의 신학'을 중세의 '영광의 신학'과 대치시켰다. 이 영광의 신학은 그냥 하나님의 사역에서 보이지 않는 속성들을 추상적으로 도출한다. 영광의 신학자는 이방인들 가운데 나타난 하나님의 영광을 말한다. 또는 하나님이 어디서나 만물에 임재하여 계심을 보고 그 영광을 말한다. 이는 예수 그리스도를 입지 않고 하나님 앞에 서면서, 인간의 인지 능력으로 하나님을 논하려는 자세이다. 이것은 예수님의 공로를 배제하고서 인간 자신의 행위로부터 의를 세우려는 중세의 도덕주의와 맥을 같이 한다. 루터는 "피조물을 통하여 하나님의 보이지 않는 속성들을 인지하며 볼 수 있다고 말하는 자는 신학자로 불릴 자격이 없다. 그러나 고난과 십자가를 통하여 하나님의 보이는 속성들을 보면서 인지하는 자가 신학자이다"라는 명제를 제시하였다. 보이지 않는 속성들이란, 덕, 신성, 지혜, 의, 선 등이다. 이방인들도 이런 속성들을 가지고서 자기들의 신을 미화할 수 있다. 그러나 루터는 그리스도의 고난과 십자가에 계시된 성경의 하나님만이 참 하나님이심을 증거한다. 행위를 통한 의를 내세우는 도덕주의나 창조 사역으로부터 하나님을 안다는 합리주의 역시 동일하게 하나님과 직접 교통하려는 욕망에서 나왔다. 그러나 우리는 오직 그리스도와 그분의 십자가를 통하여 간접적으로만 하나님을 말할 수 있다. 예수 그리스도 없이 직접 하나님 앞에 서면 인간은 죄인이라는 사실을 영광의 신학은 망각하고 있다. 빌립이 영광의 신학을 추구하면서 아버지를 보여 달라고 할 때에, 예수님은 아버지가 아니라 자기 자신을 보여주셨다(요 14:6-9). 직접이 아니라 간접적으로 자기를 통하여 아버지를 보여주었다.

그러면 하나님의 보이는 속성들은 무엇인가? 하나님의 연약과 미련함이다(고전 1:25). 하나님으로서의 능력은 없는 듯한 연약과 미련함 중에 하나님께서 계신다. 하나님께서는 직접 계시하지 않고, 십자가의 수욕과 치욕을 통하여 간접적으로 계시하신다. 십자가 없이 영광과 위엄을 지닌 하나님을 직접 찾는 것은 허사이다. 그런 하나님은 우상이다. 계시의 하나님은 이처럼 연약과 어리석음 가운데서 자신을 은폐하시는 하나님이다(사 45:15). 우리는 오직 십자가의 그리스도만을 볼 뿐이다. 그리스도를 알지 못하는 자는 고난 중에 은폐하여 계시는 하나님을 알지 못한다. 그런 자는 고난보다는 업적을, 십자가보다는 영광을, 연약보다는 강함을, 어리석음보다는 지혜를 더 좋아한다. 그들은 "십자가의 원수"(빌 3:18)이며, 십자가의 선을 악이라 하고, 행위의 악을 선이라 하는 자들이다. 그들은 십자가와 보혈을 배제시킨다. 그러나 십자가는 업적을 끌어내리고, 행위로 양육된 옛 아담을 십자가에 매달아 버린다. "십자가에 달리신 그리스도 안에 참 신학과 참된 하나님에 관한 지식이 있다." 루터는 십자가의 신학으로써 중세 신학의 허상을 폭로한다.

중세의 유명론은 하나님이 절대주권으로써 십자가의 구원질서와는 무관하게 죄인을 의롭다 칭할 수 있다고 주장하였다. 그러나 루터는 십자가만을 강조하였다. 그는 죄인이 십자가의 그리스도 덕에 아무런 공로 없이 의롭다 함을 받는 구원질서를 강조하였다. 중세의 신비주의는 외적인 모든 것, 특히 세상에 속한 모든 것을 혐오한다. 그래서 죄인은 자기 깊은 내면으로 가서 해방을 맛보아야 한다고 주장하나, 루터는 죄를 자복하고 하나님의 진노의 심판을 스스로 짊어졌다. 신비주의의 주장처럼 신앙은 내면에서 신적(神的)인 것을 확인하는 작업이 아니라 외적 말씀을 붙잡는 자세이다. 루터는 말씀의 신학을 추구한다. 신앙은 설교를 통하여서, 그리고 설교는 그리스도의 말씀을 통하여 이루어진다. 신앙을 창조하는 말씀이 루터에게는 신학의 기초이기도 하다. 그는 성경의 중심이 그리스도임도 깨달았다. 그리고 그리스도라는 복음의 약속은 오직 믿음으로 받아 누릴 수 있다. 믿음 없이는 하나님의 말씀을 바로 깨달을 수 없다. 깊은 이해를 위해서 외적 말씀을 향한 믿음의 순종이 중요하다. 이처럼 십자가의 신학은 말씀의 신학이다.

이 나라의 밤하늘을 현란하게 수놓고 있는 십자가는 또 다른 형태의 영광의 신학은 아닌가. 우리는 적극적인 사고방식을 가지라는 권면은 자주 듣지만, 십자가와 보혈에 대한 설교를 듣기가 쉽지 않은 시대를 살아가고 있다. 찬양과 경배라는 독특한 형태의 집회에서조차도 루터가 경고한 대로 십자가를 배제시키고서 막연한 하나님의 영광만을 외치고 있지는 않는가. 예수 그리스도를 제쳐두고서 맹목적으로 '하나님'을 부르는 것은 영광의 신학의 전형임을 알아야 한다. 문화적 기독교가 특히 경계해야 할 바가 이것이기도 하다. 우리는 이원론을 기필코 피해야 하지만, 이것이 지나치면 세속적인 가치를 가지고서 하나님의 영광을 말할 위험이 있음을 잊어서는 안 된다. 우리의 하나님은 오직 십자가의 예수그리스도를 통해서만 우리의 아버지 하나님이시다. 결코 막연한 신이 아니라 아주 구체적으로 십자가의 예수를 통해서만 알 수 있는 우리의 하나님이시다. 하나님은 화려함이나 소란한 곳이 아니라 어리석고 연약한 십자가에서 당신을 계시하신다. 십자가는 아담을 십자가에 못 박으며, 의와 새 생명을 돌려준다. 우리는 이것을 말씀에서 깨닫는다. 십자가의 신학은 말씀의 신학이다.

2. 죄의 심각성

코람데오와 십자가의 신학은 상통한다. 오직 십자가의 그리스도 덕분에 우리는 하나님 앞에서 의인으로 설 수 있다. 그리스도를 배제시키는 영광의 신학을 경계해야 한다. 즉 우리를 하나님 앞에서 의인으로 서게 하는 그리스도의 고난의 십자가만이 우리의 소망이다. 루터의 시편 51편 주석을 살펴봄으로써 이 십자가를 더 알아가도록 하자.

루터는 비교적 장황한 서론으로 본 시편을 강해하기 시작한다. 그는 본 시편을 두 번 강해하였다. 49세였던 1532년 강해에서는 서두에서 성령님을 언급하지 않지만 55세였던 1538년의 강해에서는 성령님의 사역을 크게 강조한다. 먼저 그는 회개를 가르치는 본 시편에서, 말씀하시는 성령님을 완전하게 깨닫지 못하였지만 성령님을 기다리는 학도가 되겠다고 고백한다. 본 시편은 우리의 경건에 필요한 주요 요소들, 즉 죄, 회개, 은혜, 칭의와 예배등을 가르친다. 우리의 대적들, 즉 로마교 신학자들이 이런 교리에 대해서 애써 토론하고 두꺼운 책들을 썼으나, 정작 회개와 죄와 은혜의 본질을 진정으로 이해하지는 못한다. 이런 주제들이 마치 꿈처럼 흔적은 남기지만 결국은 이들의 생각과 눈으로부터 사라지고 만다. 성령께서 가르쳐 주셔야 깨달을 수 있고, 우리 마음에 새겨진다. 이 맹목과 무지의 원인이 무엇인가? 이 교리들은 인간의 지성이나 지혜로 깨달을 수 없고, 우리 마음에서 저절로 생겨나는 것도 아니고, 오직 하늘로부터 계시되며 주어진다. 성령께서 본 시편에서 회개와 사죄에 대해서 말씀해 주시는 그 이상을 누가 말하겠는가.

이처럼 루터는 말씀을 깨달음은 오직 성령님의 사역임을 아주 분명하게 말한다. 성경 학도는 인간의 이성의 인식이나 지혜를 신뢰해서는 안 된다. 물론 성령님께서도 인간의 이성을 사용하시지만, 이성이 앞서 갈 수는 없다. 하늘로부터 임하는 교리는 인간의 무지나 망각 때문에 깨닫지 못하지는 않는다. 죄 때문이다. 이성을 훈련하고 학문에 몰두하면 깨달을 수 있는 진리가 아니다. 죄, 은혜, 회개와 칭의의 교리는 성령님께서 우리 마음을 열어서 그 마음에 새겨주셔야 깨달을 수 있다.

현대는 너무 바쁜 시대이다. 10년이면 변한다는 강산이 이제는 1년, 아니 수개월의 단위로 바뀌고 있다. 게다가 우리나라만큼 인터넷이나 휴대폰이 많이 보급된 나라는 세상 어디에도 없다. 모두가 바쁘게 살아가는 이 흐름에 합류하든지 아니면 낙오되는 긴박한 상황이 연속된다. 이런 상황은 성경을 읽고 말씀을 듣는 일을 쉬 허락하지 않는다. 마치 인스턴트 음식으로 배를 채우듯이, 성경묵상(QT)조차도 건성으로 할 때가 많다. 종교의식은 다양하여지고, 집회는 많지만, 경건의 훈련은 천박하여진다. 우리는 이성의 인식이나 지혜로써 성경을 마음대로 해석하고 이해하고 적용할 위험이 어느 때보다 더 큰 시대에 살고 있다. 성령님께서 우리 마음을 여시고 말씀하시면서 깨닫게 하는 역사를 기다릴 여유가 없게 되었다. 인터넷과 휴대폰이 없던 시절, 종교개혁의 대업을 이루었던 루터가 겸손하게 고백하는 말, 아직도 성령님을 완전하게 깨닫지 못했다는 이 말이 우리 귀에 쇠귀에 경 읽기처럼 들려질 위험이 너무나 크다. 이미 인생의 중반

기에 접어들었던 루터조차도 미처 강조하지 못했던 성령님의 사역이 아니었던가. 말씀의 교리는 무궁무진하게 높고 깊고 넓으니, 한갓 얄팍한 우리의 이성으로 성경을 마음대로 해석하려는 어리석은 실수를 저질러서는 안 된다. 오직 기도를 통해서만 성령님은 우리 마음을 여시고 깨닫게 하신다. 이후에 다루겠지만 루터의 방법론은 기도로써 시작한다.

본 시편은 '회개 시편'인데, 회당 예배나 기도에서 가장 많이 사용되었다. 루터는 본 시편을 처음으로 회개 시편이라고 불렀던 이는 그 의미를 잘 알고 있었지만, 로마교회의 사제의 지시대로 본 시편을 노래로 부르거나 기도하는 대부분의 성도들은 그 의미를 제대로 알지 못한다고 탄식한다. 이들은 하나님의 법을 거스르는 말이나 행동이나 생각을 자범죄로 여기면서 이 자범죄를 속량하려고 한다. 그러나 루터는 나타난 죄만을 말하고 더 깊게 죄의 뿌리를 자백하지 못하는 이런 식의 죄의 정의를 편협하다고 비판한다. 죄를 잘못 파악하는 실수의 결과로 은혜가 무엇인지도 잘못 파악하는 또 다른 실수가 이어진다는 말이다. 결과적으로 말하자면 사제들은 죽음과 심판에 대해서 무지한 대중의 양심과 마음을 올바르게 위로할 수 없다. 도대체 은혜가 무엇인지를 알지 못하는 자가 어찌 남들을 위로할 수 있겠는가? 무지한 사제들이 어리석은 교중(敎衆)[28]을 수도원이나 금욕적인 고행으로 하나님을 기쁘게 할 수 있다는 식으로 괴롭힌다. 이를 보면 사제들이 죄도 모르고 은혜도 모를 뿐만 아니라 하나님의 말씀이 없는 '이성의 신학'을 가르치고 있음을 분명하게 알 수 있다. 교중들은 옷을 다르게 입고 걸음걸이도 다르게 하며 음식도 가려 먹으면 하나님이 만족하실 것이라고 막연하게 생각한다. 그러나 루터는 자신의 양심이 고통 중에 있을 때 이런 주장들이 전혀 위로를 주지 못했다고 자기 경험을 토로한다. 그러면서 본 시편을 바로 깨달아야 이런 어리석은 관습을 정돈하고 이런 관습 배경에 있는 더러운 이론들을 논박할 수 있는 교리를 바로 세울 수 있을 것이라고 말한다. 이 교리는 말씀에 기초하며, 말씀은 어두움을 물리치는 하나님의 등불이다.

루터는 교중에 대한 안타까운 심정을 가지고 있다. 이들은 무지하여서 사제들이 시키는 대로 아무런 생각이나 비판 없이 그대로 따른다. 좋게 말하자면 이들은 선량한 양떼들이다. 이 때문에 이들의 양심은 두려움으로 가득 차 있다. 그러나 이 두려움이 양떼들을 건져주기 보다

---

28 흔히 쓰는 '회중'(會衆)을 뜻한다. 저자는 이 단어를 선호한다. – 편집자

는 도리어 외형적인 종교 행위에만 집착하게 하면서 죄와 죽음과 심판에서 그냥 멸망하게 만든다. 죄를 잘못 이해한 결과로 은혜도 잘못 이해하기 때문이다. 당시에 큰 권세를 가지고 있던 로마교회와 그 신학은 죄의 뿌리를 말하지 않고 나타난 외형만을 거론하면서 외형적인 종교 행위를 교중들에게 요구하였다. 사실 예배 양식이나 우리의 신앙생활의 규범들은 아무 의미 없이 형성되지 않았다. 그러나 세월이 지남에 따라 원래의 의미가 망각되거나 잘못된 새 이론이 등장할 수 있다. 루터가 당시의 로마교회를 비판하면서 지적한 그러한 잘못된 관행이 우리 교회 안에 없는지 우리는 항상 살피고 경계해야 한다.

로마교 사제들은 하나님의 말씀이 없는 이성의 신학이 인간의 이성적 생각을 가지고서 하나님을 만족시킬 수 있다고 착각한다. 루터는 이미 성령님의 역사와 이성의 역할을 비교하였다. 이성의 신학은 말씀을 배제한 신학이다. 종교 행위와 신앙의 관행들을 정리하면 신학이 되는데, 신학은 항상 말씀의 인도와 조명을 받아야 한다. 그러나 신학도 말씀을 떠날 수 있으며, 이성의 신학으로 전락할 수도 있다. 말씀과 성령님을 떠난 신앙생활과 신학은 죽었고 아무 가치가 없다.

루터는 죄의 심각성을 강조하고 있다. 죄를 겁내지

않고 적당하게 다루면서 형식적인 종교 행위만을 부추기
는 현상은 어디에나 있을 수 있다. 예레미야는 선지자와
제사장들이 하나님의 "백성의 상처를 건성으로 고쳐주며
말하기를 '평강하다, 평강하다' 하나 평강이 없도다"(렘
6:14)고 탄식하였다. 죄를 그 뿌리부터 아는 자는 더욱 더
은혜를 사모할 것이요, 풍성한 은혜를 누리는 자는 죄에
민감하여서 완전한 구원을 갈망할 것이다. 그러니 성령
님의 지혜를 기다리는 조용한 시간을 마련하자. 성령께
서 우리의 죄를 지적하시는 소리를 들을 수 있게 말이다.

3. 죄의 뿌리와 은혜의 본질

　　루터는 시편 51편을 강해하면서 죄의 심각성을 알
아야 은혜를 바로 알 수 있다고 강조한다. 그는 이성의
신학이 아니라 성령님께서 주시는 깨우침을 사모하였다.
　　이제 본 시편 자체에 들어와서 루터는 참 회개에는
두 가지 요소가 있다고 말한다. 회개는 죄와 은혜를 깨달
음이요, 하나님을 두려워함과 그분의 자비에 대한 의뢰
이다. 기도인 본 시편의 초두에서 다윗은 죄를 깨닫고 나
서 양심의 가책으로 고통하고 있다. 이 기도의 말미에서
는 하나님의 선하심과 약속들로부터 받는 위로를 말하면

서 나아가 하나님의 선하심을 남들에게도 가르쳐서 그들을 회개시키겠다고 결심한다. 본 시편은 32편이나 130편처럼 죄의 본성과 은혜와 온전한 회개라는 신앙의 주요 요소들을 잘 보여준다. 루터는 다윗이 이 진리의 선생이요, 이 교리를 천수하는 전문가임을 강조한다. 루터는 우리 모두는 성령님의 조명을 받아서 말씀의 제자가 되어야 한다는 점을 강조한다. 죄와 은혜의 진리를 깨달으려면 오직 성령님의 가르침을 받아야 한다. 옳은 말이다. 성경 묵상은 성령님의 간절한 인도를 받아야 한다. 이 인도를 배제하고서 성경을 우리의 이성으로 쪼개는 식의 매일 성경 공부 즉, QT는 아무런 유익이 없다. 죄를 고백하고 은혜를 사모하는 것이 성경 공부와 묵상의 목적이다.

루터는 본 시편이 다윗의 개인적인 범죄를 담고 있지만, 이 한계를 넘어서 죄의 본질, 원천과 기원을 보여준다고 말한다. 비록 본 시편의 구체적인 계기는 다윗의 음행사건이지만, 우리 모두는 본 시편을 함께 기도할 수 있다. 성령의 인도를 받은 다윗은 자신이 죄 중에서 잉태하였음을 고백한다. 죄란 꼬리에 꼬리를 무는 법이다. 간음 뒤에 다윗은 악한 음모를 꾸민다. 그는 가난한 이웃의 씨양 한 마리를 탈취한 자가 사형에 해당된다고 단언을 하면서도, 충성스러운 신하 우리야를 죽이고서 그의 아내를 빼앗았다. 다윗의 범죄는 이방인들에게 이스라엘의 야웨를 모욕하게 만드는 빌미를 주었다. 다윗은 6, 7계명만 범한 것이 아니라, 1, 2, 3계명들도 범하였다. 다윗은 야웨의 말씀을 업신여겼고, 야웨께 범죄하였다(삼하 12:9,13). 다윗은 살인과 간음에 대한 징벌을 받기에 앞서 야웨를 업신여기고 만홀히 여긴 죄에 대한 징벌을 먼저 받았다. 모든 죄의 뿌리는 제 1계명을 범하는 것이다. 십계명의 어떤 계명을 범하여도 그 죄의 뿌리는 여호와께서 참 하나님이심을 부인함이다. 이처럼 다윗의 범죄는 죄의 본질과 뿌리와 기원을 보여준다. 죄를 하나님의 법을 거스리는 말이나 행동이나 생각인 자범죄로만 여겨서는 안 된다. 죄는 제 1계명 곧 하나님을 범하는 것이다.

사실 다윗은 겉보기에 하나님의 법을 잘 지켰다. 성령님의 능력으로 회막 예배를 제정하였고, 성가(聖歌)로써 예배를 아름답게 하였다. 전쟁에 대승하였다. 하나님께서는 그를 마음에 합당한 자라고 선언하셨다. 무엇보다도 하나님께서는 그에게 장래의 자손인 그리스도를 약속하였다. 다윗으로서는 그리스도께서 '다윗의 자손'이라 불리는 이 이상의 영예가 어디에 있겠는가? 이런 위대한 인물 다윗이 죄에 빠졌고, 그것도 단순한 한 가지 죄가 아니라 죄의 소용돌이에 빠졌다. 만약 나단이 설교하지 않았다면 그는 성령을 훼방하는 죄까지 범했을 것이다. 놀랍게도 이런 죄인에게도 하나님께서는 은혜와 자비의 빛을 비추셨다. 비록 우리가 죄를 범한다 하여도, 그 범죄를 부인하지 않는 한 용서받을 기회는 있다. 그러나 사울 왕은 자기의 죄를 완강하게 부인하였고, 여호와의 말씀을 버렸으므로 여호와께서도 그를 버리셨다(삼상 15:23).

사울과는 달리 다윗은 회개하였고, 사죄의 은혜를 받았다. "여호와께서 당신의 죄를 사하셨나니 당신이 죽지 아니하리이다(삼하 12:13)." 본 시편은 다윗 개인의 삶에 나타나는 자범죄를 통하여서 죄의 본질과 근원 뿐 아니라 회개와 사죄의 은혜도 보여준다. 다윗은 죄를 자백하였다. "내가 왕의 직무를 잘 수행했고, 교회와 예배를 잘 정비하였습니다. 나는 백성을 완전함으로 잘 지도하였습니다(시 78:72). 그러나 나는 죄에 빠졌습니다." 그는 백성의 칭송을 받는 성군이었으나 죄 가운데 빠져있는 가련한 자신의 모습을 발견하였다. "내 육신 속에 선한 것이 거하지 아니하는 줄 압니다(롬 7:18)." 이처럼 우리 자신은 죄 이외에는 아무 것도 아님을 아는 지혜는 복되다. 율법에 어긋나게 말하고, 행하고, 생각하는 것을 죄라고 말한다면, 이는 죄를 가볍게 보는 처사이다. 인간은 부모에게서 태어나기 전에, 그리고 말하고 행하고 생각하기 전에 이미 죄인이라는 이 뿌리를 바로 알아야 한다. 하나님 앞에서는 이 뿌리로부터 어떤 선한 것도 나올 수 없다. 인간의 온 본성이 부패하여서 영원한 죽음의 형벌을 받았다. 본성의 부패로 인하여 계명을 어기는 자범죄를 범한다. 우리는 이런 죄의 본질을 느낄 수 있다.

루터는 중세 신학이 원죄와 자범죄를 구분하지만, 실제로는 원죄를 무시하고 자범죄만을 해결하기 위하여 온갖 의식을 고안했다고 비판한다. 중세 신학자들은 인간의 본성적 능력들은 손상되지 않았다고 주장한다. 이에 대해서 루터는 반문한다. '그렇다면 왜 그리스도가 필요한가?' 루터는 그들의 주장을 신성모독죄라 불렀다. 인간이 본성적으로 선한 의지를 가졌고, 의지가 본성적으로 순응하는 지성을 가졌다면, 낙원에서 죄로 인하여 상실하였고 하나님의 아들을 통하여 오직 신자 안에서만 회복될 수 있는 바는 무엇인가? 물론 아담은 올바른 의지와 지성을 가지고 있었다. 완전하게 듣고, 보고 하나님을 믿으면서 그분의 영광을 위하여 땅을 잘 돌보았다. 그러나 타락으로 말미암아 아담과 모든 인간의 의지, 지성과 모든 본성적 능력들이 부패하였고 인간은 더 이상 완전하지 않으며, 죄로 굽어서 하나님 앞에서 올바른 판단을 상실하였으며 만사에서 하나님의 뜻과 법을 대항한다. 한 마디로 하나님에 대한 올바른 지식을 상실하였고, 더 이상 하나님을 인정하지도 않고 사랑하지도 않으면서 하나님으로부터 도피하고, 하나님이 자비로운 분이 아니라 심판관이요 전횡을 일삼는 군주로 오해하기 시작하였다. 이로부터 온갖 죄악들이 나온다. 천연덕스레 범죄하면서도 말씀을 억압한다. 스스로 근면하고 헌신하여 무언가를 이뤄낼 수 있고, 이를 통하여 하나님을 달랠 수 있다고 여긴다. 그래서 수도원, 수도 규칙, 미사, 순례 등이 생겨났다. 이것들은 말씀을 무시하고 참된 신지식을 상실한 부패한 본성이 하나님과 예배에 관하여 고안한 것들이다. 본성적 능력이 심하게 부패하였다는 단적인 증거들이다. 구약에서는 우상 숭배와 선지자와 말씀에 대한 핍박으로 나타났다. 하나님께서는 선지자들을 통하여 감사드릴 줄 모르는 백성들을 정죄하셨다. 루터는 죄를 참 신지식의 관점에서 설명한다.

이방인들은 죄 가운데 있으면서도 죄를 알지 못한다. 하나님의 말씀이 없었기 때문이다. 심지어 말씀을 들었던 이스라엘 백성들이나 중세교회조차도 죄를 그릇되이 이해하였고, 우상숭배와 갖가지 미신을 도입하였다. 본 시편에서 다윗이, 아니 성령님께서 우리에게 하나님과 우리에 관한 지식을 가르치신다. 먼저 죄를 보여주고,

그리고 사죄하시는 하나님을 보여준다. 이 두 지식이 없이는 회개도 있을 수 없고, 구원도 없다. 성령님은 죄를 폭로하시되, 좌절하지 않도록 하나님에 대한 지식도 가르치신다. 아침마다 성령께서 말씀으로 우리를 가르쳐 주시기를 기도하자. 우리가 죄를 고백하고 사죄 받을 수 있도록 이끌어주시기를 기도하자.

4. 죄를 앎과 신학

신학의 고유한 주제는 죄로 인하여 정죄받은 인간이요, 죄인을 의롭다 하시는 구주 하나님이시다! 루터는 신학을 그렇게 정의한다. 자기 영혼과 하나님을 알기를 원하고 고백했던 어거스틴의 후배다운 발언이요, 신지식과 인간에 대한 지식의 직결성을 말한 칼뱅의 선배다운 선언이다. 이 정의에는 코람데오와 십자가의 신학이 다 들어있다. 루터의 신학을 잘 보여주는 정의이지만, 우리 귀에는 아주 생소하게 들리리라 생각한다. 우리가 대학에서 공부하고 있는 어느 학문이 죄를 논하며 죄의 고백을 가르치고 있는가? 객관적인 합리성에 기초한 현대 학문 이해는 죄를 말하지 못하게 만들었기 때문이다. 우리는 위의 정의를 기초로 하여서 앞으로 루터의 신학 이해를 별도로 다루고자 한다.

성령님은 다윗을 통하여 우리에게 죄를 폭로하실 뿐 아니라, 좌절하지 않도록 하나님에 대한 지식도 가르치신다. 루터는 하나님을 오직 사죄의 하나님으로 알기를 갈망한다. 즉 자연에 나타난 아름다움을 통하여 하나님을 말하는 것을 영광의 신학이라 하여 거부하였다. 자연이 하나님의 지으신 바가 아니라는 말이 아니다. 오직 죄를 깨닫고 사죄를 위하여 이 땅에 보내신 예수 그리스도를 통하여서만 이 하나님을 알 수 있다는 뜻이다. 이것이 성경의 교훈임을 루터는 깨달았다. 이 때문에 그는 죄에 대한 인식을 하나님에 대한 지식보다 먼저 다룬다.

루터는 이 '죄 지식(罪知識)'이 단순히 생각 가운데서 스쳐 지나가는 사변이나 관념은 아니라고 강조한다. 죄 지식은 실제적인 느낌이요 경험이요 마음속에 자리잡고 있는 투쟁이다. "내 죄과를 아오니"(시 51:3절). 루터는 성경에서 말하는 '알다'의 의미를 아주 구체적으로 잘 설명한다. 성경에서 말하는 지식은 학교에서 교사에게서 책을 통하여 배우는 지식이 아니다. 그것은 삶에서 구체적으로 겪고 체험하는 것이요, 구체적인 삶을 형성하는 면면들이다. 이 '안다'는 말은 '느낀다, 경험한다'는 뜻을 지니고 있다. 우리의 이전 행위나 실수를 회상한다는 의미가 아니다. 하나님의 진노로 말미암아 느끼며 경험하는 바를 말한다. 죄지식은 죄를 느끼는 경험 자체이며, 죄인은 이로 인하여 양심에 가책을 받아서 어찌 할 바를 알지 못한다.

이 때문에 루터는 우리가 쉬 오해할 수 있는 소지를 미리 제거한다. 본 시편은 인간을 이성적 동물이라고 정의하는 철학적 인간론을 다루고 있지 않다고 말한다. 이는 신학이 아니라 이른바 학문이 다루는 주제이다. 법률가는 인간을 재산의 소유주나 주인으로만 본다. 의사는 인간을 건강하다거나 병약하다고 판단한다. 그러나 신학자는 죄인인 인간을 논한다. 신학은 인간을 죄인이라고 규정한다. 이것은 신학이나 신학자의 특권이 아니라 하나님의 말씀에 근거할 뿐이다. "회개하라. 천국이 가까이 왔다!" 철학, 법률학, 의학과 신학은 중세 대학의 네 학부이다. 즉 모든 대학생들은 먼저 철학을 통하여 기본적인 인문학을 공부하고 나서, 법이나 의학이나 신학을 전공으로 선택한다. 학문은 인간을 중립적으로 다루지만, 루터는 신학만이 죄인인 인간을 다룬다고 말함으로써 중세 신학이 맹목적으로 인간을 이성적인 동물로 보았던 잘못을 지적한다. 그는 중세신학의 형성에 지대한 영향을 끼쳤던 아리스토텔레스에 대해서 그가 이 죄에 대해서 가르치지 않는다고 단호하게 말한다.[29] 오직 신학자 나단만이 설교를 통하여 다윗에게 죄를 폭로하였고, 또 그가 성령님을 훼방하는 죄를 범하지 않도록 경고하였다. 대학에서 공부를 했거나, 지금 공부하고 있는 독자들은 자신의 전공이 자기 자신을 이해하는 데에 어떤 기여를 하는지 한 번 살펴보기 바란다. 전공을 통하여 전문인은 될 수 있고, 사람들의 인정은 받을 수 있겠지만, 이 때문에 죄인인 자신의 참된 모습을 은폐할 수 있는 위험이 있음을 명심하자.

신학에서 말하는 인간의 본질은 죄인이며, 신학자는 인간이 죄로 물든 본성을 깨닫게 한다. 죄를 폭로하면 좌절이 따르고 좌절하는 인간은 지옥에 빠져 있는 자신을 깨닫게 된다. 이런 인간이 의로우신 하나님 앞에서 무엇을 내어놓으며 무엇을 의뢰할 수 있겠는가. 죄에 대한 지식을 갖게 되면, 동시에 죄의 해결에 대한 지식도 따른다. 이 지식은 사변의 소산이 아니라 느낌이며 실천적인 지식이다. 루터는 위에 거론한 중세 대학의 다른 학문이 죄와 죄인이라는 구체적인 인간이 아닌, 인간을 일반적으로 논하는 것 자체를 거부하지는 않는다. 다만 죄인임

---

29 40/2, 369,10.

을 알지 못하고 논하는 학문의 공허함, 즉 사변성을 신랄하게 비판한다. 아니 신학이라도 중세신학은 비판의 대상이다. 자신이 죄인임을 알 때 비로소 인간은 은혜와 칭의에 대해서 듣고 배우게 되며, 지옥에 처해 있는 자신을 위하여 하나님께서 가지신 계획, 곧 그분이 그리스도로 말미암아 인간을 회복시키기로 작정하신 바를 알게 된다. 그제서야 비로소 인간은 얼굴을 펴고서 은혜의 가르침을 가슴에 안고서 즐겁게 외칠 수 있다. "나 비록 죄인이지만, 우리를 위하여 의가 되신 그리스도 안에서 이제 더 이상 죄인이 아니다."(고전 1:30) 죄인인 우리는 이제 죄인에게 속하며 죄인들에게 보냄을 받으신 의로우신 칭의의 주님이신 그리스도로 말미암아 의로워졌다.

우리는 루터가 죄와 은혜를 말하면서, 그리스도의 사역을 중시하는 것을 주의하여 읽어야 한다. 이것은 다윗이 전수한 이중적인 신학적 지식이다. 본 시편의 내용은 신학적인 인간 지식과 신학적 신지식을 가르친다. 그리스도를 배제하고서 창조에 기초하여 하나님의 위엄이나 능력에 대해서 말하지 말라는 경고이기도 하다. 동시에 법률가처럼 인간을 소유물의 주인으로, 의사처럼 '그 사람은 건강하다'는 식으로 인간을 알고 말해서도 안 된다. 인간은 죄인이다. 신학의 고유한 주제는 죄로 인하여 정죄받은 인간이요, 죄인을 의롭다 하시는 구주 하나님이시다. 이 주제를 떠나서 질문하고 논의하는 것은 과오요 독약이다![30] 성경 전체는 하나님께서 죄와 정죄 가운데 빠진 우리를 불쌍히 여기시며 그런 인간의 본성을 자기의 아들 안에서 회복하심을 증거한다. 신학은 몸의 건강이나 안녕, 농사 짓는 법이나 가정을 다스리는 방법을 가르치지 않는다. 이 모든 것들은 인간이 피조된 후 타락하기 전에 이루어졌다. 신학의 요지는 타락한 죄인의 장래요 영생이다. 하나님은 의롭다 하시고 고치시며 살리신다. 성경을 읽으면서 이 목표를 향해 나아가는 큰 열매를 거둘 것이다.

인간은 자신을 알아야 하며, 죄에 빠져서 죽음의 자리에 있음을 알고 느끼고 체험해야 한다. 동시에 이를 아는 자를 하나님께서는 의롭다 하실 뿐 아니라 고쳐주시는 구속주이심도 알아야 한다. 이처럼 신학자만이 죄를 폭로하고 그 해결책을 제시한다. 말씀을 읽는 모든 사람이 다 신학자이다.

---

30 "Nam Theologiae proprium subiectum est homo peccati reus ac perditus et Deus iustificans ac salvator hominis peccatoris. Quicquid extra hoc subiectum in Theologia quaeritur aut disputatur, est error et venenum", 40/2,328,17-19.

5. 그리스도의 하나님

루터는 신학의 고유한 주제는 죄로 인하여 정죄받은 인간이요, 죄인을 의롭다 하시는 구주 하나님이시라고 정의한다. 우리는 하나님을 말할 때 막연하고 맹목적으로 부를 수 있다. 우리도 이방인들처럼 하나님을 부를 수 있다. 수도하고 기도한다고 하면서 그냥 맹목적으로 절대자인 신을 묵상한다고들 한다. 교회사에서 자주 나타났던 오류이다. 신비주의자들은 기도와 명상 가운데서 자기의 영혼을 하늘로 올려 보내고 하나님과 하나가 되려고 시도하였다. 루터는 이런 잘못된 하나님 이해를 경고한다.

하나님이여! 주의 인자를 좇아 나를 긍휼히 여기시며 주의 많은 자비를 좇아 내 죄과를 도말하소서(51:1)

루터는 이 말씀을 주석하면서 다윗이 '절대적인 하나님'을 말하지 않는다고 강조한다. 물론 우리는 절대적인 하나님을 믿는다. 우리 하나님은 피조물과 달라서 변하지 않으며 거짓말을 하지 않으신다. 이 점에서 우리 하나님은 절대적인 하나님이시다(삼상 15:29; 민 23:19). 그러나 여기서 루터가 말하는 '절대적'이라는 말은 다른 존재와는 상관없이 홀로 존재하고 있다는 뜻이다. 우리가 믿는 하나님은 혼자 절대적으로 존재하면서 독야청청하는 무관심한 하나님이 아니다. 다윗이 "하나님이여"라고 외치면서 참회의 기도를 드릴 때 그는 오직 그리스도를 통해서만 하나님을 부를 수 있었다. 하나님께서는 항상 그리스도 안에서 우리와 상관하고 계신다. 다윗은 말씀과 약속의 옷을 입고 계시는 하나님을 부른다. 다윗이 부르는 하나님은 아담과 조상들에게 약속된 그리스도의 하나님이시다. 이방인들은 자기들의 생각을 따라 말씀과 약속 밖에서 맹목적이고 벌거벗은 하나님을 부르지만 선지자들은 말씀의 옷을 입고 말씀 안에 계시된 하나님을 부른다. 이 엄청난 차이를 명심해야 한다. 우리는 약속의 하나님, 곧 그리스도의 하나님을 기쁨과 신뢰 가운데서 바라보아야 한다. 하나님의 약속에는 그리스도가 포함되며, 그리스도의 하나님은 심판주가 아니라 우리를 살리는 자비로운 하나님이시다.

루터의 주석은 아주 독특하다. 그는 다윗이 그리스도나 메시아를 구체적으로 언급하고 있지 않는 구절을 주석하면서 그리스도를 강조한다. 사실 우리는 이방인들과 같이 하나님을 생각하고 기도하는 위험에 쉽게 빠질 수 있다. 우리는 막연한 절대자를 신봉하지 않는다.

우리의 하나님은 그리스도 안에서 우리 곁에 계신다. 그리스도는 이 하나님을 "하늘에 계신 우리 아버지"로 부르면서 기도하라고 가르쳐 주셨다. 그리스도의 아버지이신 이 하나님은 그리스도 안에서 우리의 아버지이시기도 하다. 이렇게 보면 루터의 주석이 특이하다 하기가 어렵다. 너무나 당연할 뿐이다. 우리는 루터의 말처럼, 구약의 모든 말씀도 약속이 가리키는 그리스도의 관점에서 읽어야 한다.

성경, 특히 구약을 그리스도 중심으로 읽지 않으면 그릇된 신이해(神理解)에 봉착한다. 그러면 하나님께서 죄를 미워하신다는 생각에만 사로잡힌다. 물론, 하나님께서는 죄를 미워하신다. 그 분은 죄인을 듣지 않으시고(요 9:31), 태우는 불이시며(신 4:24), 질투하시는 하나님이시다(출 20:5). 그러니 사람들은 이 의로우신 하나님께서는 죄를 미워하시며 징벌하시고 죄인의 기도를 듣지 않으신다는 생각에 빠지기 쉽다. 루터 이전의 대부분의 주석가들은 '의로우신 하나님'을 공의롭게 징벌하고 복수하는 하나님으로 이해하였다. 그렇다면 과연 누가 하나님 앞에 서겠는가? 이것이 루터의 근본적인 질문이었다. 사탄은 이 성경적인 가르침을 곡해하며, 그리스도를 배제하고 절대적이고 벌거벗은 하나님만을 생각하게 만든다. 그러면 우리는 완전히 멸망당하고 절망에 빠진다. 심지어 시편 기자들도 칭의하는 하나님이 아니라 징계하는 하나님을 말하니, 루터 역시 이 때문에 '하나님'이라는 말에 고개를 내저었다. 루터는 이런 식의 의(義) 이해와 의로운 하나님에 대한 생각에서 벗어나라고 외친다. 왜냐하면 하나님은 징계하시는 분이 아니라 죄를 깨달은 자들을 의롭다 하시고 그들에게 자비를 베푸시는 의로운 분이시다. 다윗은 의로우신 하나님 앞에서 긍휼을 간구하고 있다. 루터는 수많은 투쟁과 몸부림을 거쳐서 이 진리를 깨달았다. 이 진리는 성령 없이 이성으로는 이해할 수 없다.

우리는 여기서 기도를 바르게 배울 수 있다. 기도는 항상 하나님의 약속에 기초해야 한다. 하나님께서 우리의 기도를 들으시는 것은 우리가 기도할 자격이 있어서가 아니다. 그리스도 안에 나타난 당신의 자비 때문이다. 자기 의에 사로잡힌 수도자가 제 아무리 자비를 간구하고 노래하여도, 자기 죄를 스스로 속죄할 수 있다 하니, 이 어찌 기도라 하겠는가. 죄로 인하여 기도가 중단될 때는 우리는 성령의 능력으로 마귀의 공격을 격파하여야 한다. 그리스도 안에서 죄인을 의롭다 하심으로 스스로 의로우신 하나님이심을 성령께서 깨닫게 하시기 때문이다. 비록 죄인이기에 하나님 앞에 나설 수 없지만 그리스도 안에 있는 자비와 성령의 능력으로 기도할 수 있다. 물론 마음이 공포에 사로잡히면 율법과 그 위협을 사용하는 신학의 한 부분은 완성된다. 그러나 여기서 머물지 말고 겸손한 자에게 은혜를 베푸시는 하나님에 대한 신학적 지식에까지 나아가야 한다. 회개하고 두려워하는 자들은 은혜의 백성들이다. 그러니 죄 가운데서도 다윗처럼 노래하라. "긍휼을 베푸소서."

자비롭고 의로우신 하나님과 죄인이 어떻게 화해하는가? 사실 우리의 삶 자체가 의나 공로가 아니라 순전한 은혜로 이루어지지 않는가(고전 15:10). 비록 성령의 능력이 임하지만, 우리에게는 여전히 '육'이 살아있다. 그래서 십계명을 다 지킬 수 없다. 그러나 죄 가운데서 절망하는 것은 '이성의 신학'이다. 우리가 하나님을 경외하고 자비의 대상인 그리스도를 붙잡는 것이 그분을 경외하는 길이다. 이것이 참 하나님과 참 예배에 대한 참 신학이다. 하나님께서 죄를 인지하는 자에게 진노하신다고만 가르치는 신학은 거짓이다. 그런 하나님은 어디에도 없으며, 패역한 마음의 우상일 뿐이다. 하나님께서는 다윗에게 행하시듯이 우리 모두를 대하신다.

아울러 루터는 聖 제롬이나 聖 베드로라는 말을 쓰지 말자고 제안한다. 중세에 많이 유행하던 성자 숭배를 척결하기 위한 발언이다. 하나님만이 거룩하시고 인간들은 죄인들이다. 우리는 이질적인 거룩을 얻게 되니, 곧 그리스도를 통한 거룩이다. 베드로가 그리스도로 말미암아 거룩하다면 우리 각자도 거룩하다. 이것은 그리스도 밖에서 모두 죄인이며, 그리스도 안에서는 모두 의인이고 거룩한 자들이라는 성경의 명백한 교훈이다.

루터는 시편 51:1절의 주석에서 우리가 그리스도로 인하여 사죄 받고, 동시에 죄를 저항할 수 있도록 성령도 함께 받는다는 사실을 잘 보여준다.

6. 칭의와 성화

루터는 절대적인 하나님이 아니라 약속과 그리스도 안에서 우리를 만나시는 하나님을 말한다. 이 하나님은 징벌만 하려는 하나님이 아니라 그리스도 안에서 우리에게 자비로우신 분이다. 그러므로 우리는 죄를 의식해야 하지만, 결코 좌절하지 말아야 한다. 하나님께서는 사죄하실 뿐 아니라 남아 있는 죄와 투쟁하도록 성령님을 보내주신다.

나의 죄악을 말갛게 씻기시며 나의 죄를 깨끗이 제하소서(51:2)

　　사죄 받음으로써 우리 속의 죄는 제거된다. 그럼에도 죄는 여전히 육신 가운데 남아서 완전히 죽지 않았다. 죄의 힘은 저주하고, 정죄하며, 쏘고, 슬프게 만들고 마음을 불안하게 하면서 오직 진노의 하나님과 지옥을 보여준다. 이런 죄의 힘이 자비로써 제거되었다. 그럼에도 죄의 독은 여전히 남아있다. 이 독으로 인하여 성도는 무관심하고 감사하지 않으며 하나님을 잊어버리기도 한다. 성도들도 이런 죄의 찌꺼기를 느낀다. 그러나 그 찌꺼기에 항복하지는 않는다. 루터는 성도들이 남아있는 죄의 독을 대항하여서 평생 싸워야 하고 동시에 승리해야 한다고 말한다. 성도들은 오직 은혜로써 의롭고 거룩하여졌다. 사람의 본성에서 나온 성품이 아니라 밖에서부터 주어진 생소한 거룩 때문이다. 우리 대신에 그리스도께서 고난 받아 우리를 의롭다 하였으니, 생소한 의 때문에 우리는 사죄함을 받았다. 비록 우리가 하나님의 공로로 죄로부터 자유롭지만, 육신의 정욕에 빠지지 않기 위해서 성령의 은사가 항상 필요하다. 그리스도의 공로로써 믿음으로 말미암아 의롭게 되었기 때문에, "나의 죄악을 말갛게 씻기시며 나의 죄를 깨끗이 제하소서(시

51:2)"라고 기도하면서 성령님의 은사를 간구해야 한다. 죄는 더 이상 우리를 정죄하지는 못하지만, 우리를 괴롭힌다. 루터는 이신칭의와 사죄를 그리스도의 사역과 연관시켜서 설명하고 있다. 그럼에도 우리의 육신에는 죄의 찌꺼기가 여전히 남아있는데, 성령께서 이를 정화시켜주신다고 한다.

루터는 이단의 존재를 들어 성화의 삶을 설명한다. 비록 저들이 신앙을 가졌다 하지만 저들은 이성과 사탄의 충동질을 받아서 말씀 없이 오직 자신들의 의견만을 앞세운다. 이들은 루터의 깨달음을 미워하면서도 이 미움이 신앙의 열정이라고 착각한다. 저들은 죄를 날마다 깨끗이 제하기보다 날마다 그런 죄를 더한다. 그러나 우리는 날마다 깨끗하여져서 새사람은 자라고, 옛사람은 죽어 성화를 이루어야 한다. 하나님께서는 교회가 핍박을 받게 하실 뿐 아니라 이단이 일어나게 하셔서 더욱 더 말씀을 붙잡고 믿음을 지키며 죄의 찌꺼기를 제하도록 훈련시키신다. 성령께서는 이 훈련에서 우리를 도우신다. 즉 하나님의 의를 능가하려는 인간적 지혜를 낮추시며, 기도하게 하시고 이웃에게 사랑을 실천하게 하심으로써 날마다 점점 더 거룩하게 만드신다. 루터 당대의 로마교 신학은 이신칭의론이 행위와 공로를 제거하였기 때문에, 성도들에게는 할 일이 없어지고 말았다고 주장하였다. 그러나 루터는 믿음으로 의롭다 함을 받은 신자는 날마다 성령의 도우심으로 거룩하여져야 함을 강조하고 있다. 루터는 심지어 이단의 존재도 성화의 방편이 된다고까지 말하고 있다.

　　신자는 다만 하나님의 은혜와 사죄의 관점에서 의롭다. 사죄는 자기 죄를 인정하면서, 하나님은 은혜로우시며, 그리스도 때문에 사죄하신다는 사실을 믿는 자에게만 주어진다. 루터는 여기서 중세 신학을 비판한다. 이 신학은 칭의를 인간의 본질의 변화나 자질에 따른 의로움이라고 주장하였다. 즉 의가 인간의 마음에 주어져서 인간의 자질이 되면, 영과 육, 전인(全人)이 거룩하다고 가르쳤다. 말하자면 이 의라는 자질로 인하여 인간은 자동적으로 의롭다고까지 주장할 수 있다. 그렇다면 칭의 이후에는 다윗처럼 "나의 죄악을 말갛게 씻기시며 나의 죄를 깨끗이 제하소서"라고 기도할 필요가 없게 된다. 즉 본 시편을 따라 다윗이 사죄받았지만 여전히 불결하다는 사실을 주장하면 이단으로 정죄한다. 다윗은 의롭고 의로워진 사람이지만 동시에 죄를 가졌고 따라서 불의하다. 그래서 다윗은 이 찌꺼기를 씻겨달라고 성령님의 큰 은사를 기도한다. 죄의 잔재를 축소하는 것은 이것을 제거하시는 성령님을 축소하는 일이다. 선지자 다윗은 이것을 죄라고 부른다. 물론 이전의 죄는 다 사죄받았지만 말이다. 우리는 날마다 영육에 있는 불결한 죄를 씻어달라고 기도해야 한다. 이것이 이 시편의 교훈이며 선지자나 사도조차도 이것을 가르치는 학교에서 졸업할 수 없다. 우리가 이 기도를 드려야 하는 한, 우리는 이 학교의 영원한 학생이다. 루터는 의로우신 하나님 앞에 어떻게 설까를 가지고 씨름하였듯이, 의롭다 함을 받은 후에도 다윗처럼 이 씨름을 계속하고 있다. 다만 전에는 전적으로 죄인이었으나 이제는 용서받은 죄인으로서 하나님 앞에서 이 교훈을 가르치는 학교의 성실한 학생이기를 원한다.

그리스도를 통하여 믿음으로 의로워진 자는 성령의 은사를 받아가면서 날마다 참된 신지식을 확장시킨다. 육신의 유혹과 정욕에도 불구하고 절제하며 순종하고 인내하는 것이 다 성령님이 주시는 은사이다. 그러나 이 은사를 누리지 못하고 육신과 영혼이 불결함에 빠져버린 자들은 다윗이 간구하고 있는 성령의 씻음을 저버린 자들이다. 특이하게도 루터는 그리스도와 성령님의 사역을 이 문맥에서 칭의의 두 부분이라고 설명한다. 그러나 위에서 보았듯이 루터는 성화라는 말도 사용하고 있다. 그리스도의 사역을 하나님의 의와 연관시킬 뿐 아니라 성령님의 사역을 거룩 및 성화와도 연관시킨다. 특히 거룩과 성화에 대해서 말할 때에는 '날마다'라는 표현을 자주 사용한다. 의롭다 함을 받은 후의 매일 매일의 삶은 지속적으로 거룩하여지는 과정임을 잘 보여준다.

루터는 다윗이 본 시편 첫 두 절에서 사죄의 은혜와 정화의 은사 두 가지를 위하여 기도하였다고 해설한다. 인간의 모든 준비나 속상없이, 그리고 자신이 지금까지 성도들에게 가르쳤고 교황파들이 지금도 가르치고 있는 허망한 고해성사 없이 이 두 은사는 의인과 거룩한 자를 하나님 앞에서 완전하게 사하기 때문이다. 칭의의 유일한 근거는 그리스도의 공로 또는 값없는 자비이며, 우리는 이를 성령께서 불 붙여주실 때 믿음으로써 붙잡는다. 죄에 대한 인식이 두 번째 근거라 할 수 있다. 그러나 율법이나 인간의 본성에 대한 맹목적인 분석이 아니라 하나님의 자비와 약속이 사죄를 받게 한다. 루터는 약속과 복음이 아니라 율법을 가지고 공포를 조장하거나 인간의 본성에 대한 맹목적인 분석을 통하여 하나님께 아부하는 갖가지 제도를 만들어 낸 중세의 전통을 의식적으로 비판하고 있다. 그는 죄 인식조차도 자비의 약속 때문에 가능하기에, 인간의 공로가 될 수 없다는 점을 분명하게 밝힌다. 오직 약속과 성령의 은사에 붙잡혀서 살아가려는 자세를 잘 보여준다. 루터는 이런 삶을 '우리는 거지이다'라는 말로도 표현하였다. 우리 손에는 아무 것도 없다는 항복 선언이다. 그렇다. 우리는 하나님 앞에서 내어놓을 것이 아무 것도 없는 거지이다. 그러나 자신이 거지임을 인식하는 죄인에게 주님은 사죄의 은혜와 갖가지 은사로 채워주실 것을 믿는다.

우리는 죄인임과 동시에 의인이다. 비록 우리는 모든 죄에서 사함을 받았으나 날마다 죄의 찌꺼기와 투쟁하면서 살아간다. 사죄는 그리스도의 사역이요, 투쟁할 수 있는 은사는 성령님의 사역이다. 우리는 의로운 자로서 완전히 거룩한 자가 되기 위하여 날마다 성경을 펴고서 성령 하나님의 인도하심과 풍성한 은사를 간구해야 한다.

7. 본성의 타락과 죄 인식

중세의 교리는 사람 앞에 잘 보이려는 타락한 인간의 본성을 이용하였다. 남에게 잘 보이려고 아부하고 뇌물을 주려는 본성을 자극하여 이런 일, 저런 헌신, 많은 헌금을 하면 의롭게 되고 사죄함을 받는다는 식으로 신도들을 유혹하고 때로는 협박하였다. 루터는 이와 달리 타락한 인간의 본성 바깥에 있는 삼위 하나님의 사역을 내세웠다. 칭의의 유일한 근거는 하나님의 자비인 그리스도의 공로이다. 이 공로를 성령께서 우리 마음에 불 붙여 주셔서 우리는 믿음으로 껴안는다. 이 믿음조차도 성령님의 선물이기 때문에, 의로워지기 위하여 우리가 내세울 수 있는 공로는 아무 것도 없다. 정말 거지일 뿐이다.

나는 내 죄과를 아오니(51:3a).

중세는 죄의 공포만을 조장하였다. 정죄하고 심판만 하는 하나님은 예수 그리스도의 아버지 하나님은 아니다. 죄를 알고 느끼는 죄인을 하나님께서는 심판하지 않으시고, 이미 그 죄인 대신에 당신의 아들을 십자가에서 심판하셨다. 성령께서 이 자비에 대한 지식과 평강의 마음을 심어주시지 않으면, 죄에 대한 인식 자체는 지옥일 뿐이다. 탈출구가 없기 때문이다. 그렇지만 죄를 안다면 그는 이미 진정한 회개를 했다. 주 여호와는 "악인의 죽는 것을 기뻐하지 아니하신다(겔 33:11)." 니느웨 백성들이 자기 죄를 알고 그 악한 길에서 돌이켜 떠나자 하나님께서는 예고하셨던 재앙을 내리지 아니하셨다(욘 3:10). 죄에 대한 지식은 오직 하나님에 대한 신학적인 지식에서 나온다. 즉 자신이 죄인임을 알면, 오직 자비로운 하나님께만 소망이 있음을 인정한다. 하나님은 이런 겸손하고 가련하고 불쌍한 죄인의 하나님이심을 알게 된다.

　　루터는 이중적인 지식을 말한다. 인간의 자기 지식과 하나님에 대한 지식. 이 이중의 지식은 이처럼 불가분의 관계에 있다. 하나님 앞에 서 있는 인간은 중립적이지 않다. 그는 죄인이다. 소망은 오직 의로우시나 동시에 자비로우신 하나님께 있다. 칼뱅이 말하는 하나님과 자기에 대한 지식도 이런 이중적인 지식을 말한다. 이 때문에 타락한 인간이 타락 전의 인간의 모습에 대한 객관적인 평가는 하나님 앞에서 불가능하다. 마치 종말의 사건을 호기심을 가지고 예측하려는 태도가 옳지 않듯이 타락 이전의 순수 시대에 대한 재구성 역시 잘못이다.

내 죄가 항상 내 앞에 있나이다(51:3b)

　　이 말은 죄가 목을 죄고 있어서 도망칠 수가 없다는 뜻이다. 다윗은 자기의 구체적인 자범죄가 아니라 자기의 삶 전체를 두고 말한다. 베르나르두스(찬송 85, 145, 262장 작시자)의 마지막 말은 "나는 부끄럽게 살았다"였다. 루터는 중세의 어떤 신학자보다 그를 존경하였다. 그가 인간의 본성 자체와 보편적인 죄를 말하였기 때문이다. 이성적인 신학은 이 고백을 이해할 수 없다. 죄를 실제로 경험하고 아는 자만이 할 수 있는 고백이다. 루터도 인간 본성의 전적인 타락을 말한다. 죄의 뿌리를 아는 자만이 그 죄에서 해방될 수 있다. 자범죄를 들추어서 적당한 보상 방법을 알려주는 인간적인 신학이 아니라, 죄의 뿌리를 보이면서 그것을 하나님의 자비로써 해결하게 하는 것이 참 신학이다.

내가 주께만 범죄하여 주의 목전에 악을 행하오니 주께서 말씀하실 때에 의로우시다 하며(51:4a-b)

루터는 이 본문을 과거가 아닌 현재로 번역한다. 죄의 보편성과 인간 본성의 부패를 강조하기 위해서이다. 다윗이 자신과 모든 사람에게는 한 치의 의도 없음을 말한다고 보았다. 인간은 속속들이 죄 뭉치이다. 하나님만이 의로우시다. 의로우신 하나님께서는 그리스도를 통하여 당신의 의로우심을 보여주셨으니, 오직 그분께만 의의 영광이 있다. 사람 앞에서 의로운 자도 하나님 앞에서는 자기 의를 주장할 수 없다. 우리는 사람을 오직 말씀을 가지고 평가해야 한다. 하나님께서는 사람의 외모를 취하시지 않는다. 성령님은 말씀을 통하여 인간은 죄인이며 하나님만이 홀로 의로우심을 가르쳐주신다.

죄는 이처럼 인간의 본성에 숨겨져 있기 때문에 계시되어야 한다. 죄는 율법과 복음과 말씀을 통하여 계시된다. 그러므로 죄는 이론적으로나 철학적으로 설명될 수 없다. 죄는 신학적으로 즉 하나님과의 관계 속에서 이해해야 하는데, 말씀이 죄를 폭로하면 사람은 죄인임을 하나님 앞에서 고백하고 하나님의 자비를 구해야 하기 때문이다. 중세는 인간의 본성을 분석하면서 인간은 여전히 본성의 빛을 가지고 있고 본성의 능력은 손상되지 않았다고 가르쳤다. 인간 본성의 낮은 부분은 부패하였으나 높은 부분은 꺼지지 않는 밝은 빛을 가지고 있다고 한다. 가령 인간이 덜 선한 것을 사랑하면 더 큰 선을 사랑할 수 있다는 말이요, 그렇다면 가장 큰 선인 창조주 하나님을 사랑할 수 있다는 식이다(스코투스). 그러나 루터는 이렇게 철학적으로 인간의 본성을 논하기를 거부한다. 게다가 중세는 본성의 빛을 가지고 있는 인간에게 죄를 해명하고 그에게 죄를 해결할 수 있는 길을 보여줄 수 있다고 가르쳤다. 죄를 설명하면 사람들이 죄를 범하지 않을 것이라고 낙관적으로 생각했다. 다윗은 인간의 문제점이 수치스러운 욕망이나 악한 야욕과 탐욕이 아니라, 의로우신 하나님에게서 도망치려는 성향임을 강조한다. 인간의 본성은 하나님을 거부하며 배척한다. 이것은 하나님께서 계시하신 죄를 부인하고, 우리를 죄인이라고 선언하시는 하나님의 의로우심을 부인하는 행위요, 제 일

계명을 범하는 가장 큰 죄이다. 구원이 오직 당신께만 있다고 선언하시는 하나님을 부인하는 범죄이기 때문이다.

주께서 판단하실 때에 '이기시리라' 하리이다(51:4c).

루터는 '순전하다'는 말 대신에 '이기다'라는 번역을 채택한다.[31] 인간은 죄인이요 하나님만이 의로우시다는 판단은 세상의 저항을 받는다. 성도들조차도 때로는 하나님의 의와 상관없이 스스로 의롭다 하는 착각 속에서 항거하는 참람죄를 범하기도 한다. 로마 교황에게는 그리스도와 하나님조차도 이단일 수 있다. 하나님은 인간의 말이나 행위가 아니라 자기 자신의 말로써 스스로 정죄함을 받았다. 바로 십자가에서 말이다. 그러나 하나님의 판단은 항상 옳으며 승리한다. 이것이 우리에게 큰 위로가 된다. 하나님께서는 우리 마음속에 있는 모든 의심과 불평과 저항도 자기의 분명한 판단으로 격파하고 승리하신다. 하나님의 승리는 성도인 우리의 승리이다.

현대 교회 안에도 사람 앞에서의 의를 부추기며 그 의의 행위를 내세워 마음에 위안을 갖게 하는 짓거리가 횡행하고 있음을 보게 된다. 죄에 대한 설교가 줄어들고

---

31 개역개정은 '순전하시다'로 번역하고 있다. – 편집자 주

유일한 의이신 그리스도의 십자가를 듣기 어렵다. 대신에 적극적인 삶의 자세를 강조하고 구제와 선교와 북한 돕기 등을 통하여 성도의 의무가 완수되기라도 하듯이 말한다. 이 또한 필요하지만 이런 일들이 우리를 의롭게 만들 수는 없다. 자기 의(自己義)는 가장 큰 신성모독이다. 루터와 같이 우리가 인간적인 지혜와 행위에 기초한 자기 의로써 하나님께 아부하려는 태도를 정죄하기 때문에 위험하다는 비난을 받을 수 있다. 이것은 인간 본성의 저항이다. 이때에 하나님께서는 자기의 판단에서 이기신다는 말씀이 큰 위로가 된다. 우리는 하나님 앞에서 산다. 사람 앞에서 의를 추구하려는 위험이 교회 안에도 많이 들어와 있다. 우리는 말씀으로 하나님 앞에서 산다. 자기의 판단으로 이기시는 하나님과 그의 말씀과 사역이 우리에게 위로가 된다. 우리는 죄인이며 하나님만이 의로우시다고 고백하는 성도들이 아니면 누릴 수 없는 평강이다.

8. 죄 고백과 영광 돌림

죄를 고백하는 자는 죄 사함을 받는다. 사죄를 약속하시는 하나님께서는 이 고백으로 영광을 받으신다. 그리고 인간은 죄를 논증이나 사변으로 왜곡하며 스스로를 정당화하기 때문에 죄를 계시하는 말씀을 믿어야 비로소 자기의 본성이 부패했다고 고백하게 된다. 죄에 대한 고백 없이는 성경을 바로 이해할 수 없다.

내가 죄악 중에 출생하였음이여 모친이 죄 중에 나를 잉태하였나이다(51:5)

이 말은 자신이 간음이나 살인을 범했기 때문에 비로소 죄인이라기 보다는, 죄인이기 때문에 간음과 살인의 죄를 범했다는 고백이다. 인간의 본성이 죄와 악으로 가득 차서 철저하게 부패했다는 말이다. 다윗이 범죄에 대한 책임을 벗으려고 자기 부모를 정죄하려 든다고 봐서는 안 된다. 그가 결혼 제도를 비난하는 것도 아니다. 하나님께서는 신랑, 신부가 악함에도 불구하고 출산이라는 최종 목표를 위하여 결혼을 순결하게 유지하신다. 도리어 다윗은 하나님 앞에서 자기 자신을 정죄하며 회개한다. 선지자 다윗은 동시에 원죄를 말한다. 원죄교리는 이성으로는 이해할 수 없으며, 율법과 말씀의 약속을 통하여서만 알 수 있다(롬 5:12 참조). 인간의 모든 행위는 하나님 앞에서 정죄받았고, 하나님만이 의로우시다. 이와 같은 철저한 죄 고백 자체가 은혜의 결과이며 말씀을 통하여 이루어진다. 그러나 루터는 자신이 신학박사가 된 뒤에도 수년 동안 이 진리를 알지 못했다고 고백한다. 즉 중세는 세례로 원죄가 사라지고, 세례 밖에서도 본성에는 이성의 빛이 남아 있다고 가르쳤다. 이 주장에 따르면 심지어 사탄도 그 능력은 온전한데 다만 은혜를 상실했을 뿐이라고 한다. 그러나 루터는 우리가 꼭 본성이라는 말을 쓰려면 인간이 오직 악만을 욕망하고 이해하고 갈망한다는 뜻에서 '본성적'이라고 말한다. 즉 본성의 죄악성, 곧 원죄만이 본성적이다.

중심에 진실함을 주께서 원하시오니(51:6上)

다윗은 불필요하게 자신을 낮추거나 학대하지 않는다. 그는 바로 말씀으로 자기를 계시하신 하나님을 부른다. 다윗이 부르는 하나님은 말씀과 외적 표지로써 자기를 계시하셨던 하나님이요, 약속의 주님이시다. 우리 하나님은 아주 구체적인 분이시기 때문에 방황하면서 하나님을 찾을 필요는 없다. 루터는 경건한 척하려는 유대인들이나 이런 짓을 한다고 비웃는다(왕상 14:23 참조). 하나님의 약속의 말씀 없이 예배하는 유대인과 이방인과 로마교도들은 공허한 하나님을 말한다. 그리스도 밖에서는 하나님을 찾거나 경배할 수 없다. 다윗은 공허한 하나님이 아니라 자기 조상들에게 약속하시고 자기 아들을 통하여 세상을 구원하시는 하나님을 부른다.

그런데 대중은 건강한 교리나 말씀보다는 금욕 생활과 이상한 관습들에 쉽게 매료된다고 루터는 지적한다. 세상의 눈에는 일상적인 삶을 등지는 것만이 거룩하다. 그래서 독신제도, 수도원, 특별한 의상이나 음식, 여타 수많은 이상한 짓거리들이 등장하였다. 이처럼 우리 속에는 진실, 곧 진리가 없다. 오직 말씀과 은혜를 받은 자만이 중심에 진리를 받으며 자기 자신은 죄인이고 하나님만이 의로우시다고 고백한다. 이 진리를 심중에 가진 자를 하나님께서는 기뻐하신다. 그래서 루터는 고백한다.

"나 자신이 정직하고 거짓이 없는 수도자이었으나, 여전히 하나님 앞에서는 내가 깨닫지 못했던 미신과 위선으로 인하여 거짓되었다. 이것은 말씀에 의하여 폭로되고 숨겨진 진리가 계시될 때까지 거룩의 위장 하에 은폐되어 있었다."

사람 앞에서의 의를 배설물로 여겨야 진리를 알 수 있다. 하나님께서 죄를 미워하시며 자신이 죄 중에 잉태하였음을 아는 것이 진리이다. 사실 이 시대에는 중세식으로 세상을 등지는 신자들은 많지 않다. 그러나 정반대로 이상한 짓거리가 신앙과 의의 이름으로 교회 안에서 많이 행하여지고 있음을 직시하여야 한다.

내 속에 지혜를 알게 하소서(51:6下)

여기에서 하나님께서는 이 죄인을 미워하신다는 것만을 아는 지혜는 인간의 지혜이다. 그러면 마치 예수 그리스도가 오시지 않기라도 한 듯이 죄 중에서 좌절한다. 그래서 다윗은 또 다른 지혜를 구한다. 하나님께서는 진실한 죄인들을 사랑하신다. 하나님께서 의에 대해서 우리와 토론하려 하지 않으시며, 우리가 죄인임을 인정하게 하신다. 이 인정과 고백은 이성이 보고 듣는 철학적 진리가 아니라 성령께서 보고 듣게 하는 신학적인 진리로서 숨겨져 있다. 세상에서 능하며 문벌이 좋은 자들이 알지 못하고 다만 미련하고 천하고 멸시받고 약한 자들에게 계시되는 진리와 지혜이다(고전 1:26-29). 우리는 죄를 고백하는 자를 구원하시기로 하나님께서 약속하셨음을 알아야 하고, 동시에 우리가 죄인임을 알아야 한다. 이것이 진리요 지혜이며, 이 지혜는 위로부터 온다. 진리와 지혜는 은폐되어 있기 때문에 세상은 이 진리와 지혜를 거부하고 지혜이신 예수님을 십자가에 못 박았다. 때로는 우리조차도 이 지혜를 저항한다. 그러므로 자기의 잣

대를 가지고서 이 정도라면 하나님의 심판을 피할 수 있 겠다고 스스로를 위로하지 말라. 성도인 우리 가운데서 도 육은 그대로 남아서 성령님과 말씀을 대항하고 싸운 다(롬 7:23). 그리스도가 완전하게 우리를 위하여 죄를 다 감당하시지 못하기라도 한듯이 '자아'의 투쟁을 내세우 거나, 성령의 능력으로 살아가고 있음에도 자신이 투쟁 하고 있다고 착각하지 말라. 이 진리는 성령님의 조명을 받지 않고는 이해할 수 없다. 진실로 경건한 자는 은혜보 다는 죄를, 은총보다는 진노를, 구속보다는 심판을 더 민 감하게 느낀다. 경건하지 않은 자는 진노를 느끼지 못하 며, 마치 의를 관철시키실 하나님께서 계시지 않기라도 한듯이 무감각하다. 이런 모습은 종교의 형식만을 추구 하는 자들 가운데서 나타난다. 그러나 경건한 자는 자기 의 연약함을 느낄수록 더욱 더 간절하게 기도한다. 이 지 혜를 가진 자는 쉬지 않고 기도한다. 죄에 대하여 민감하 며 탄식과 기도를 쉬지 않으면서 이 지혜가 완전하여지 기를 구한다. 이처럼 은혜에 대한 감각은 육신 때문에 쉽 게 약화된다. 그러므로 지혜를 구하는 기도는 육과 벌이 는 처절한 싸움이며 결코 '중언부언'(마 6:7)이 아니다. 이 기도는 오직 은혜 때문에 가능하다. 은혜의 영과 기도의 영은 불가분리적이다(슥 12:10). 은혜를 느끼고 이 진리를 맛보기 시작하면 더욱 더 은혜와 사죄를 구한다. 은혜를 맛보면 더 은혜를 먹고 마시려고 끝없이 배고프고 목말라 한다. 그러니 계속 기도하여 위로부터 오는 능력을 덧입을 수밖에 없다. 매일!

나를 정결케 하소서 나를 씻기소서(51:7)

루터는 속죄가 오직 그리스도의 희생으로 가능하다고 강조한다. 이방인과 유대인들은 스스로 죄를 씻고 하나님을 기쁘게 한다는 명목으로 다양한 짓거리를 벌인다. 그러나 이것은 우리를 정결하게 하셔서 듣고 찬양하고 믿음으로 순종하게 하시는 하나님을 부인하는 태도이다. 인간들이 말씀을 떠나서 예배를 마음대로 제정하기 때문에 하나님은 이스라엘에게 이 정결의 율법을 주셨다. 그렇지만 율법을 따르는 외적 예배로는 구원을 이룰 수 없다. 참된 내적 예배, 즉 오실 그리스도에 대한 내적 신앙이 필요하다. 오실 그리스도에 대한 신앙이 선행하고, 이 신앙에 대한 표현으로써 예배를 드려야만 했다. 여기서 루터는 신앙과 행위의 관계를 말하고 있다. 율법에 의한 정결 의식이 아니라 오직 그리스도께서 죄를 대신 지셨다는 믿음만이 우리를 의롭게 한다. 먼저 의로워지고 성령 안에서 새로운 삶을 사는 것은 의로워진

자의 의무와 순종이다. 성령께서 우리 안에 일으키시는
순종만이 하나님을 기쁘게 한다. 루터는 속죄의 율법을
삼위 하나님의 사역으로 이렇게 아주 멋지게 해설한다.

죄의 바른 고백은 하나님께 영광이 된다. 우리는 죄 사
함을 베푸시는 하나님께 숨겨져 있는 지혜를 보게 해달
라고 매일 매일 기도해야 한다. 이 지혜는 죄를 고백하
는 자를 예수 그리스도 안에서 기꺼이 용서하시는 하나
님을 앎이다.

결론

루터의 신학 이해

결론

루터의 신학 이해

우리는 지금까지 루터의 신학을 살펴보았다. 이 과정에서 우리는 코람데오와 십자가의 신학을 살펴보았고, 시편 51편의 주석도 살펴보았다.

루터는 1519-21년에 행한 시편 5:11절 강해에서 "십자가만이 우리의 신학이다"고 말하였다. 그리고 "신학자는 판단과 독서와 사변이 아니라 삶과 죽음과 형벌을 통하여 신학자가 되어간다."라는 유명한 말을 하였다. 시편 6:10을 강해하면서, "그리스도의 십자가만이 하나님의 말씀의 지식"이라 하였다. 루터에게 하나님의 의는 추상적이지 않고 아주 구체적이다. 즉 십자가의 예수 그리스도가 우리를 위한 하나님의 의이다. 이 진리를 깨달았기 때문에 루터는 당시 로마교회의 온갖 부패와 타락을 정직하고 당당하게 지적할 수 있었고 목숨의 위협을 당하면서도 끝까지 견디며 이길 수 있었다. 지금까지 루터의 가르침을 접한 독자들에게도 그와 같은 깨우침이 있기를 바란다.

루터는 1539년에 간행된 자신의 첫 전집의 머리말을 이렇게 썼다.

"내 책들이 몽땅 사라지고 폐기되었으면 좋겠다. 나를 귀감으로 삼는 일을 두려워한다. 나는 성경을 떠나서 성경과 나란하게 많은 책들과 장서들을 모으고 특히 아무런 구별도 하지 않고 교부, 공의회와 교사들의 작품들을 채집하려고 시도할 때 교회에 어떤 유익이 있는지를 잘 살펴보았다. 그리하여서 결국 성경 연구를 위한 값진 시간을 허비하고 하나님의 말씀에 대한 순수한 지식이 소실되고 급기야는 유다 왕들의 시대처럼 성경이 먼지투성이에 빠지게 되었다. … 성경을 읽지 않는다면 교부들과 공의회록도 아무런 유익이 없다."

루터에게는 성경이 최고의 자리에 있다. 신학은 성경 연구일 따름이다. 신학은 성경의 자리를 점유할 수 없으며, 성경에로 인도하고 성경에서 나온 교훈으로 산다. 중세의 신학교육은 토론의 훈련이었고, 이성의 능력이 큰 비중을 차지하였으며 도덕을 중시하였다. 이런 도덕주의와 합리주의가 그의 마음에 평화를 줄 수 없었다. 루터는 하나님을 찾음으로써 죄와 율법의 저주로부터 사죄를 얻었다. 성경에서 나온 신학은 루터를 하나님의 은혜를 깨달은 신자와 신학자로 만들었고, 그를 교회에 묶어 두었다. 그는 의로 구원하시는 하나님에 대해서 말하는 것이 신학이요, 그렇게 말하는 자가 신학자라고 정의한다.

신학하는 세 가지 방법

루터는 1539년 전집 머리말에 신학 공부의 올바른 방식을 보여주는 세 규칙을 말하였다. 기도와 묵상 그리고 고난의 삶이다. 이 규칙은 그가 1521년에 시편 119편을 강해하면서 얻었던 통찰력이다.

1. 기도

그에 의하면, 성경은 영생과 의를 주는데, 우리는 하

나님께서 당신의 아들을 통하여 우리를 조명하고 인도하며 깨닫게 하시는 성령을 주시도록 골방에 들어가 무릎을 꿇고서 겸손하고 진지하게 기도해야 한다. 루터가 성부와 성자와 성령, 삼위 하나님을 언급하면서 기도를 설명하고 있음을 주목하라! 기도는 삼위 하나님에 의하여 인도되는 피동적인 삶이다. 다윗은 이미 야웨의 말씀을 들었고 알고 있으며 그 말씀대로 살아가는 신학자였다. 그럼에도 다윗은 '야웨여, (말씀을) 내게 가르치소서'(시 119:12, 26, 64, 66, 68, 124, 135), '(말씀을) 내게 깨닫게 하소서'(시 119:27, 34, 73, 125, 144, 169)라고 간구한다. 신학자는 이처럼 자신이 이미 알고 있는 바를 기도 가운데 더욱 더 분명하게 깨닫기 위해 힘쓴다. 이것은 '성령의 은혜'에 의한 깨달음이다. 기도의 길로 이루어지는 신학 공부는 사변이나 단순한 인간적 행위가 아니라, 철두철미하게 삼위 하나님의 사역을 기다림이다. 루터가 기도를 말씀 묵상보다 앞세우고 있음을 주목할 필요가 있다. 사도행전 6장을 보면, 구제하는 일로 분주하였던 제자들은 무엇보다 기도와 말씀 전하는 일에 전무하겠다고 선언하였다(행 6:4). 성경 말씀이 우리에게 중요하지만 성경은 인간의 지식이나 지혜가 아니라 기도를 통한 성령님의 사역으로 말미암아 깨닫는다. 성경을 기록하신 저자이신 성령께서 직접 그 성경을 우리에게 깨닫게 하셔야 하는데, 우리는 성령님의 이 사역을 기도를 통하여 간구해야 한다.

2. 묵상

그리고 우리는 묵상해야 하는데, 마음으로 묵상할 뿐 아니라 구언(口言)이나 기록된 말씀에서 성령께서 의도하시는 바를 읽고, 또 읽으면서 열심히 묵상해야 한다. 하나님께서는 성령을 외적(外的)인 말씀 없이 주시지는 않는다. 그러므로 하나님께서는 그 말씀을 외적으로 쓰고, 설교하고, 읽고, 듣고, 노래하고 말하게 하셨다. 루터는 기도나 묵상이 신비주의적으로 이해되지 않게 하려고, 묵상에서 '외적으로'를 거듭 강조한다. 그는 묵상을 처음에는 '해석하다'로, 나중에는 '말하다'로 번역했다. 묵상은 인간이 자신의 내면 속으로 빠져들어 가는 것이 아니라, 그 반대로 자신의 바깥으로 나가는 것을 의미한다. 묵상은 우리 바깥에 있는 말씀을 지향한다. 인간의 내면은 오직 하나님의 말씀으로 산다. 그것은 말씀에 적셔진 마음이다. 성령은 구언(口言)이나 기록된 말씀과 결합되어 있다. 루터는 출가하여 수도사가 되었고 침묵을 통하여 묵상하는 훈련을 받았다. 사실 묵상이라기보다는 명상이었다. 명상은 인간의 죄악된 모습을 내면적으로 살피고 인간의 내면이 깨끗한 영인 하나님과 연합하려는 목적을 가지고 있었다. 그는 춥고 긴긴 밤을 지새우는 철야 명상을 많이 하였으나 그 마음에 평안이 임하지 않았다. 루터는 중세의 명상 전통을 변화시켰다. 하나님의 의이신 예수 그리스도를 계시하는 말씀을 읽고 나서야 평안을 얻었다. 루터는 인간의 내면이 아니라 밖에 있는 말씀을 지향하는 묵상을 통하여 의롭게 되는 진리를 깨달았다. 우리가 말씀을 묵상하는 이유는 우리 내면의 소리를 만족시키기 위함이 아니라 성령님께서 주시는 은혜를 따라 평안을 얻기 위함이다. 우리도 인간의 내면을 심리학적으로 분석하지 말고, 역사적으로 자기를 계시하셨던 하나님의 말씀을 묵상하여 말씀의 위로를 매일 받아야 한다. 그리고 말씀은 우리를 용서하신 하나님께서 요구하시는 계명을 알고 깨닫게 한다. 우리의 삶 전체는 말씀의 인도를 받아야 한다.

3. 고난

말씀을 깨닫기 위하여 기도하고 그 말씀을 묵상하는 자는 고난받아야 한다. 고난은 기도하고 묵상한 말씀을 실제로 우리의 구체적인 삶에서 경험하는 것이다. 이 고난은 하나님의 말씀을 용납하지 않는 영적이며 정치적인 세상성을 향한 투쟁이다. 말씀은 "나는 너의 하나님 여호와로라"로 요약된다. 이 첫 계명을 묵상하는 자는 수많은 신들과 수많은 主들로 에워싸여 있다. 우리의 삶은 기도와 말씀에서 우리를 만나시는 삼위 하나님을 증거하는 삶이 되어야 한다. 하나님을 부르고 하나님에 대해서 말하는 것이 신학이지만, 삶에서 고난을 당하면서 하나님께서 우리 삶의 한 가운데서 우리 하나님이심을 확증함으로써 신학은 완성된다. "그리스도를 위하여 약한 것들과 능욕과 궁핍과 핍박과 곤란을 기뻐함"(고후 12:10)이 고난이다. 하나님을 머리로만 알거나 감정적으로만 경배하기는 쉽다. 기도와 묵상으로 말씀을 깨달은 자는 고난을 받으면서 말씀의 주인이신 하나님을 삶 가운데서 증거해야 한다. "아브라함과 이삭과 이스라엘의 하나님 여호와여, 주께서 이스라엘 중에서 하나님이 되심과 내가 주의 종이 됨과 내가 주의 말씀대로 이 모든 일을 행하는 것을 오늘날 알게 하옵소서."(왕상 19:36) 이것은 엘리야의 기도였다. 말씀 묵상에서 나온 기도였다. 백성들의 반응은 어떠했는가? "여호와 그는 하나님이시로다. 여호와 그는 하나님이시로다(19:39)." 우리는 말과

입으로만 하나님을 증거하지 않고 온 세상 앞에서 여호와 그분만이 참 하나님이심을 증거해야 한다. 그리고 그들의 입으로부터 이 고백을 이끌어 내어야 한다.

코람데오와 십자가의 신학은 사변이 아니라 예수 그리스도의 십자가에서 완성되었다. 루터가 이해한 신학은 이론이 아니라 기도와 삶의 고난에서 나타나는 경건이다. 우리 모두가 말씀을 깨닫기 위해 먼저 기도하고 말씀을 묵상하고 그리하여 깨달은 대로 고난 가운데서 항상 여호와께서 하나님이심을 스스로 증거하고 세상이 고백하도록 살아가야 한다. 이것이 루터가 깨달은 신학의 세 규칙, 곧 기도와 묵상과 고난의 삶이다. 우리 모두가 기도와 묵상과 고난을 통하여 신학자가 되자.